西学大家系列

黄忠晶 编译

Baruch de Spinoza

斯宾诺莎 自述

【荷兰】斯宾诺莎 著

天津出版传媒集团

天津人民出版社

图书在版编目(CIP)数据

　　斯宾诺莎自述 / (荷) 斯宾诺莎著；黄忠晶编译
. -- 天津：天津人民出版社, 2018.9
　　(西学大家系列)
　　ISBN 978-7-201-13980-7

　　Ⅰ. ①斯… Ⅱ. ①斯… ②黄… Ⅲ. ①斯宾诺莎(
Spinoza, Benoit de 1632-1677)-自传 Ⅳ. ①B563.1

　　中国版本图书馆CIP数据核字(2018)第186022号

斯宾诺莎自述
SIBINNUOSHA ZISHU

出　　版	天津人民出版社
出 版 人	黄　沛
地　　址	天津市和平区西康路 35 号康岳大厦
邮政编码	300051
邮购电话	(022)23332469
网　　址	http://www.tjrmcbs.com
电子信箱	tjrmcbs@126.com

责任编辑	岳　勇
装帧设计	汤　磊

印　　刷	高教社(天津)印务有限公司
经　　销	新华书店
开　　本	880 毫米×1230 毫米　1/32
印　　张	7.5
插　　页	2
字　　数	196 千字
版次印次	2018 年 9 月第 1 版 2018 年 9 月第 1 次印刷
定　　价	32.00 元

目　录

前　言

　　巴鲁赫·德·斯宾诺莎(Baruch de Spinoza, 1632—1677), 17世纪荷兰伟大的哲学家和思想者。他生于荷兰阿姆斯特丹一个犹太商人家庭。早年在犹太教会学校上学，主要学习希伯来文、《旧约全书》和犹太教经典。后进入一所拉丁文学校学习拉丁文，并在此基础上涉猎了许多非宗教的世俗科学，对数学、物理学、医学和笛卡尔哲学等进行了研究。由此开始摆脱犹太神学而走向新的思想。

　　父亲去世后，同父异母的姐姐将家中财产全部据为己有，斯宾诺莎同姐姐发生争执。后经法院裁决，斯宾诺莎胜诉，他却将自己所得的大部分遗产赠给姐姐。24岁时，斯宾诺莎由于提出"异端邪说"而遭到犹太教会的谴责。在收买无效的情况下，犹太教会将他永远开除教籍并明文规定："谁都不得以口头或书面方式同与他交谈，不得为他进行任何服务，不得与他同居一屋，不得同他并肩而立，不得阅读他编写的任何东西。"斯宾诺莎的生活由此陷入困境，他迫不得已以磨制光学镜片为生，同时继续从事自己的思想研究。

　　斯宾诺莎在政治上支持共和派，同荷兰共和派领导人扬·德·维特有着深厚友谊。维特后被暴徒杀害，斯宾诺莎闻讯愤怒异常，写了抗议的标语要上街张贴，被房东锁在家里才免遭伤害。

　　41岁时，普鲁士选帝侯路德维希亲王聘请斯宾诺莎到海德堡大学任哲学教授。经过慎重考虑，斯宾诺莎以"我不知道为了避免动摇公众信仰的宗教，我哲学思考的自由应该被限制在什么范围"为理由，委婉地拒绝了这一邀请。他将自己的思想自由放在至高无上的地位。

1677 年 2 月 21 日,斯宾诺莎因肺病逝世,年仅 44 岁;他的病是因磨制镜片吸入尘埃造成的。斯宾诺莎一生生活俭朴,淡泊名利,追求真理,品德高尚,是哲学家和思想者的楷模。

斯宾诺莎的主要著作有《笛卡尔哲学原理》《知性改进论》《伦理学》《神学政治论》《政治论》等。

斯宾诺莎的思想对后世有极大影响。不过有很长一段时期,这种影响是以反面形象表现出来的。人们称他为"无神论者",当时这是一个带有严重贬义的词。18 世纪一些法国启蒙思想家,如英国的霍布斯、贝克莱、休谟等,都对斯宾诺莎哲学表示鄙视。德国著名哲学家莱布尼茨虽然私下同斯宾诺莎有过学术交往并受其影响,却竭力避免让人知道他们的关系。斯宾诺莎在欧洲各国被当作"死狗"对待。到 18 世纪后期,德国杰出的文学批评家莱辛称斯宾诺莎是他的老师,并说:"除了斯宾诺莎的哲学外,没有别的哲学。"德国哲学家费希特把自己的哲学称为"真正的系统的斯宾诺莎主义"。黑格尔也这样评价斯宾诺莎:"斯宾诺莎是近代哲学的重点,要么是斯宾诺莎主义,要么不是哲学。"从现代人的眼光看,斯宾诺莎的许多思想至今仍对我们有着深刻的启发意义。下面试对他的主要思想作一简要介绍。

关于实体或神的思想是斯宾诺莎学说的基石。他认为,存在是实体的本质。实体不可能由任何别的东西产生,因此它必定是自因的。它的本质必定包含存在,或者存在就是它的本质。实体只有一个,这个实体就是神;除了神之外,不可能有其他任何实体。这里的神或上帝,首先不是在宗教意义上,而是哲学本体意义上的。神就是指整个世界或无所不包的存在。

在实体学说的基础上,斯宾诺莎着力探讨了人的权利、自由和幸福问题。他认为,每一个体竭尽全力保存自己,不顾其他,这是自然的最高规律和权利。人的自然力量也就是自然权利,是由种种尽可能保存自己的欲望冲动所决定。在这一点上人类跟别的物种个体之间并没有任何区别；在有理性的人跟无理性的人之间，白痴、疯子跟正常人之间也没有什么区别。任何人都不会把所有的权利都交给统治者，以至于自己一无所有；也没有任何人的权利大到可以实现其所有的愿望。

在谈到自由问题时，斯宾诺莎特别强调了人的思想自由。他指出，任何人都不可能放弃自己做出判断和表示情感的自由，这是他不能割让的自然权利，他是自己思想的主人。

斯宾诺莎对人的幸福问题极为重视。在他看来，幸福就是对于神的永恒持久的爱。神是对我们最为有利的东西，除了它没有什么能给我们幸福；我们真正的自由就在于永远被对神的爱所约束。从道德角度看，幸福就是美德本身，而不是美德的报酬；并不是由于我们克制欲望才享有幸福，而是相反，由于我们享有幸福才能够克制欲望。

精神与身体的关系历来是哲学研究的基本问题，斯宾诺莎对此做了深入探讨。他认为，身体不能决定精神，让其思想；而精神也不能决定身体，让它活动或静止，更不能让它成为其他东西。另一方面，精神和身体又有多种互相作用和影响。人的精神有认识许多事物的能力，其身体能够适应的事物越多，这种认识能力就越强。如果一个人的身体能够适应多数的事物，那么他的精神必定大都是永恒的。

在斯宾诺莎的学说中，有很大一部分是关于人的情感的。他认为，人的原始情感有三种：欲望、快乐和痛苦，其他所有情感不过是用来表示这三种原始情感之间的关系以及外在表现的不同名称而已。

道德即善恶问题是斯宾诺莎探究的又一个重点。在斯宾诺莎看来，自我保存即为善。一个人越是努力追求自身利益或保持自己的存在，他就越是有道德；如果他忽视了自身利益或自己的存在，他就是一个软弱无能的人。只要能够引导人们参与共同社会生活、和谐相处的事物就是有益的，而能够造成国家内部冲突的事物就是有害的。这是因为，前者能够让人们按照理性指导生活，因此是善的；而后者妨碍人们这样做，因此是恶的。

谈到善恶跟情感的关系时,斯宾诺莎指出,我们关于善和恶的知识仅仅是我们所意识到的快乐和痛苦的情感而已。善恶作为一种正确的知识并不能克制情感;它只有被当成一种情感时,才可能克制情感。由善恶的正确知识所产生的欲望,可能被许多其他激发我们情感的欲望所克制。

斯宾诺莎十分关注政治问题,有着鲜明的政治立场和深刻的政治观点。他认为,国家对于我们来说是完全必要的。我们越是能够按照理性的指导生活,越是能够控制种种欲望,我们的自由也就越多,然而只有在国家里才有可能做到这一点。

斯宾诺莎还对各种政体做了深入分析。他认为,在君主政体的国家里,就是君主本人也不能废除已经确立的法律惯例,因为君主不是神,也是平常人,也会受到各种诱惑。所有的法律都是君主意志的表达,然而并不是君主的所有意愿都具有法律效力。只有君主的权利完全取决于人民的力量,并通过人民的拥护来维持,人民在君主的统治下才有充分的自由。这是在制定君主政体基本原则时应该遵循的唯一规律。

斯宾诺莎认为,最好的贵族政体应该是最接近于绝对统治的,也就是说,尽可能地不让人民成为统治者畏惧的对象;而人民除了国家根本法必定允许的自由之外,没有其他自由。

斯宾诺莎指出,在民主政体中,一个人的自然权利并没有绝对地转交给他人,以至于他再不能对社会事务表达自己的意见;他只是把自然权利转交给社会的大多数人,而他自己也是其中的一分子。这样一来,所有的人仍然是平等的,跟他们在自然状态中的情况并没有根本的不同。

宗教观是斯宾诺莎学说的重要组成部分。在谈到神学跟理性的关系时,斯宾诺莎认为,神学只是指示我们皈依神,此外再无其他任何命令,它不会也没有力量来反对理性。信条对于皈依神是必不可少的,神学对于信条是要阐明的,而判定信条之真伪则有待于理性,因为理性是精神之光，缺了它一切都在梦幻之中。就此而言，神学跟理性是一致的，而不是背道而驰。他还谈到宗教信仰问题。信仰在于对神的了解，没有这一了解，就不可能有对神的服从。信仰就其本身而言说不上是有益的，有益的是它暗含的服从。信仰并不要求教义中包含真理，只是要求教义是虔诚的，也就是能够产生服从之心。

　　本书从斯宾诺莎的著述中选译了那些最能反映其独特思想的内容，按照七大主题编排而成。如果读者朋友想通过一本篇幅不太大的书，就能较为全面深入地了解这位哲人博大精深的精神世界，那么本书应该是一个不错的选择。

黄忠晶
2018 年于无锡静泊斋

一、我看实体或神

1.实体与属性

从本质上说,实体必定先于它的部分。实体就是在自身之内并通过自身而被认识的东西,实体观念的形成不必借助其他事物的观念;而实体的部分即形式,就是在其他事物之内并通过其他事物而被认识的东西。

两个不同属性的实体之间没有任何共同之处。每一个实体都是在自身之内并通过自身而被认识。因此,一个实体的观念不会包含另一个实体的观念。

两个没有共同之点的事物彼此不会成为对方的原因。两个没有共同之点的事物彼此不能借助对方而被理解,彼此的观念互不包含;而要认识结果就得先认识原因,而且包含着认识原因。

两个或多个不同的事物,它们的区别要么是由于实体的属性不同,要么是实体的部分不同。所有存在的事物要么是在自身之内,要么是在其他事物之内,除了实体和它的部分之外,没有任何其他东西。因此除了实体之外,也就是除了实体的属性和部分之外,没有任何东西可以区别事物之间的不同。

　　根据事物的本质,不可能有两个或多个性质或属性相同的事物。如果有多个不同的实体,它们的区别要么是由于属性不同,要么是由于其部分不同;如果区别仅在于属性不同,那么具有相同属性的实体只有一个。如果区别在于其部分的不同,由于实体先于部分,就应该撇开部分而去考察实体自身;在不考虑部分之间不同的情况下,实体自身的区别只能是由于属性不同,这就回到第一种情况,具有相同属性的实体只有一个。

　　一个实体不可能由另一个实体所产生。根据上一个判断所说,不可能有两个属性相同的实体,这两个实体之间没有任何共同之处,彼此不会成为对方的原因,或者说一个实体不可能由另一个实体所产生。因此可以推论,实体不可能由任何别的东西产生。宇宙间除了实体及其部分之外不可能有别的东西,而一个实体不可能由另一个实体所产生。因此实体绝不可能由任何别的东西产生。从反面来证明这一点:如果一个实体可以由另一个实体所产生,则认识这个实体必须依靠对其原因的认识,它就违背了实体的定义(实体是在自身之内并通过自身而被认识的东西),也就不再是实体了。

　　存在是实体的本质。实体不可能由任何别的东西产生。因此它必定是自因的,它的本质必定包含存在,或者存在就是它的本质。许多人对此不理解,这是由于他们不能区别实体的部分跟实体自身的区别,又不了解世界万物产生的情况。他们看到自然事物都有原始出处,就以为实体也有原始出处;他们认为树木跟人一样也可以说话、人是由泥土产生的或由种子长成的,还相信每种形式都可以转化为其他任何一种形式。他们往往用人来比拟神,认为神也具有人的情感。如果我们能够稍微着意探究一下实体的性质,就不会怀疑上述判断的真理,甚至会将其视为一种常识。我们知道,实体是在自身之内并通过自身而被认识的东西,要想了解实体不必借助其他事物的观念。相反的,部分是在其他事物之内并通过其他事物而被认识的东西;要想了解部分,就得通过它所依据的东西的观念。因此,即使是对于不存在的部分,我们也有可能形成真正的观念,虽然它在人的理性之外并不真实存在,其本质却包含在其他事物之内。因此借助后者就可以认识它。相反的,尽管关于实体的真正知识在人的理性之外也不存在,但这一认识却源于其自身,即它是通过自身而被认识。如果有人一方面说他对实体有一个明确清晰的观念,也就是真正的观念;另一方面又怀疑这一实体的存在,那么他就是自相矛盾的,等于说他的真正的观念同时又是假的。还有人说实体是被创造出来的。这种说法同样是自相矛盾的。我们应该认识到,实体的存在就像其本质一样,乃是一个永恒的真理。

每一个实体都必定是无限的。具有某个属性的实体只能是唯一的,而这唯一实体的本质就是存在。因此按照本质,它的存在要么是有限的,要么是无限的。但实体不可能是有限的存在;如果它是有限的,就必定被性质相同的另一个实体所限制,那么这另一个实体也必定存在;这样就会有两个属性相同的实体,而这是不可能。因此实体必定是无限的存在。我们说某个事物是有限的,也就是部分地否定了其性质的存在,而说某个事物是无限的,也就是绝对地肯定其性质的存在。

一个实体所具有的实在性越多,它的属性就越多。因为属性就是构成实体本质的东西。实体的每一个属性必定是通过自身而被认识的。两个属性之间是有区别的,这一属性不须借助于另一属性而认识自己,但我们也不能因此就说它们是两个存在或两个实体。实体的性质就在于它的每一个属性都是通过自身而被认识的,它所有的属性始终都在同一个实体内;一个属性不可能产生另一个属性,但每个属性都表明了这一实体的实在性。因此,我们说一个实体具有许多属性,就是顺理成章的了。任何事物都必须借助于其属性才可能被认识,而每一事物的实在性越多,表明其必然性、永恒性和无限性的属性也就越多,这是不言自明的。绝对无限的存在必定是具有无穷多的属性,其中每一个属性都表明了它的某种永恒无限的本质,这也是不言自明的。如果现在还有人发问:我们可以依据什么来区别众多实体的差异,下面我就要谈到,宇宙间只有一个实体存在,而它是绝对无限的。因此,这一问题是没有答案的。

神或实体具有无穷多的属性,它的每个属性都表明其永恒无限的本质和必然存在。如果神不存在,那么它的本质不包含存在,然而存在是神或实体的本质。因此这是自相矛盾的,神必定存在。不能存在就是没有力量,能够存在就是具有力量。如果我们说,除了有限的事物之外,没有其他事物必然存在,这就等于说,有限的事物要比绝对无限的事物更有力量,这显然是不通的说法。既然不是没有其他事物存在,那就是有一个绝对无限的事物存在。既然能够存在就是具有力量,那么一个事物具有的实在性越多,它能够存在的力量也就越大。绝对无限的事物或神自身必定具有能够绝对无限存在的力量,它是绝对无限地存在着。只要是由外因产生的事物,不论其部分有多少,它的实在性或完满性都是依靠外因而获得。相反的,实体的完满性不是依靠外因获得,其存在只是源于自己的本质,实体的存在不过是其本质而已。由此可见,完满性不但不否定一个事物的存在,反而是肯定其存在,而没有完满性就是否定了一个事物的存在。我们应该毫不怀疑的存在只能是绝对无限和完满的存在,也就是神,除此之外再没有其他东西。既然神的本质消除了所有的不完满性,包含着绝对的完满性,那么我们就没有任何怀疑它的理由。

绝对无限的实体是不可分的。如果实体可分,那么它被分成的部分要么保留绝对无限的实体本质,要么失去这种本质。如果是前一种情况,就会出现多个具有相同本质的实体,这是说不通的;如果是后一种情况,这种绝对无限的实体也不复存在,这也是说不通的。由此可以推论,实体是不可分的。实体的本质是无限的,而对于实体的部分,我们只能理解为有限的实体,但说实体是有限的,这显然是自相矛盾的。因此,绝对无限的实体是不可分的。

——《伦理学》

2.神是唯一的实体

除了神之外,不可能有其他任何实体。既然神是绝对无限的东西,只要是表明实体本质的属性都只能归结为神;既然神是必定存在的,如果在神之外还有其他实体,那么要表明这一实体就必须借助于神的某种属性,这样就会有两个属性相同的实体,这是说不通的。因此,除了神之外,不可能有其他任何实体。由此可以推论:①神是唯一的,也就是说宇宙间只有一个实体,它是绝对无限的。②广延和思想,要么是神的属性,要么是神属性的分支。

所有的东西都存在于神之内;没有神就没有任何东西存在,也没有任何东西被认识。除了神的以外没有任何实体,除了神之外,没有任何在自身内并通过自身而被认识的东西;如果没有实体,其形式既不能存在,也不能被认识。形式只能存在于神之内,只能通过神而被认识。然而除了实体和形式之外,这世界上再也没有其他任何东西。因此没有神就没有任何东西存在,也没有任何东西被认识。

有些人没有根据地猜想,神跟人一样,具有形体和精神,受欲望的支配。这一看法大大地偏离了对神的正确观念。只要认真思考过神的本质,就会否认神是有形体的。所谓形体是指有体积,即有长、宽、高,而且有一定形状;说绝对无限的神有体积,即长、宽、高,有形状,这是十分不通的说法。然而这些人又认为有形体的或广延的实体本身是没有神性的,但它们是神创造的;至于神是借助什么来创造出有形体的实体,他们并不清楚。这表明他们并不明白自己所说的话。我已经证明,除了神之外,没有任何其他实体。我的结论是,所谓有广延的实体,不过是神无穷多属性当中的一个。下面再对这些人的观点做更为详细的反驳。

他们认为,既然有形体的实体是实体,就一定是由许多部分组成。因此它不可能具有无限性,也不属于神。他们论证说,如果它是无限的,我们把它一分为二,那么每个部分要么是有限的,要么是无限的;如果是有限的,那么这一无限的实体是由两个有限的部分组成,这是说不通的;如果是无限的,那么这一无限实体是另一个无限实体的两倍,这也是说不通的。因此,这一有形体的实体不可能是无限的,必定是有限的,不属于神的本质,不是神的一个属性。他们的第二个理由是,既然神是绝对完满的,就必定不是被动的,而有形体的实体是可分的,就必定是被动的。因此它不属于神的本质。

这些人的理由完全是根据一个假定,即有形体的实体是由部分组成的。然而这一假定是站不住脚的。如果有形体的实体各个部分可以真正完全分开,为什么一个部分被毁灭后,其他部分就不能像从前那样联系在一起呢?为什么所有事物都能有序地紧密联系在一起而没有真空呢?这是因为,如果事物真正能够完全分开,那么一个事物一定能够离开其他事物而独自存在,然而宇宙间并没有真空存在。由此可见所有的部分都不会真正分开,也就是说,有形体的实体是不可分的。

有人会提出疑问:为什么我们总是认为"量"是可分的?我的回答是,我们对于量有两种理解:一种是抽象的或表面的量,这是我们想象的产物;一种是作为实体的量,这是由我们的理性所产生的。按照第一种理解,量就是有限的、可分的,并且是由部分组

成的,这是我们通常会做的事。相反的,按照第二种理解,量就是
实体,量是无限的、唯一的和不可分的,然而这样的理解人们往往
很难做到。只要是能够区别想象和理性的人就会明白我们的说
法。如果把物质看成形式,它就是可分的;然而作为实体,它就是
不可分的。例如,如果仅仅把水看成水,那么它这里有,那里也有,
各个部分是分开的,我们就认为水是可分的;如果我们把水看成
是有形体的实体,那么就不能认为它是可分的,因为它既不能分
开,也不可分割。此外,如果水仅仅是水,它就是有生有灭的;如果
水是实体,它就是不生不灭的。

你的问题是, 是否只能有一个依靠自己的力量而存在的存
在。我的回答是肯定的,并且要予以证明,也就是证明它的本质就
是必然存在。这样的存在有哪些特性呢?

第一,它必定是永恒的。如果它有一个有限的延续,那么在这
一延续之后它就不存在了,或者不是必然存在。这跟我们对它的
定义是相矛盾的。

第二,它必定是单独的,不由部分组成。无论在自然界还是人
的知识中,组成事物的部分总是先于该事物的,然而本质是永恒
的事物不应该是这样的。

第三,它不是被限制的,而是无限的。如果这一存在的性质被
限制了,那么在此限制之外,这种性质就是不存在的,这跟我们对
它的定义是相矛盾的。

第四,它必定是不可分的。如果它可分,它要么分为同一种
性质的许多部分,要么分为不同性质的许多部分。如果是后一
种情况,它就被破坏了,因此不再存在,这跟我们对它的定义是
相矛盾的。如果是前一种情况,每一部分自身都是必然存在,一个
部分离开另一个部分也能够存在,那么它就成了有限的,这跟我
们对它的定义是相矛盾的。由此可知,如果把任何不完满性归为
这一存在,我们就会陷入自相矛盾之中,这一矛盾的实质就是,我

们把这个必然存在的自然说成是不存在或者不是必然存在。

第五，只要是必然存在的事物不可能有任何不完满性，而必定是绝对完满的。

第六，如果一个不是绝对完满的存在能够凭借自己的本质而存在，那么就必定另有一个绝对完满的存在。如果一个力量较弱的存在都可以凭借自身而存在，那么一个力量强于前者的存在更是必定存在。

我的观点是，存在属于其本质的存在只有一个，自身具有绝对完满性的存在只有一个，我把它称为神。神自身具有绝对的完满性，没有任何不完满的地方。在神之外不可能有这种存在，否则那个必然存在的自然就分为两个存在，这显然是荒谬的。在神之外没有什么东西存在，神是唯一的必然存在。

这里我再对不完满性一词做些解释：不完满性是指一个事物缺乏某种本来属于其本质的东西。例如，我们可以说广延在延续、位置或数量上还不完满，因为它无法再长一些，或无法保持某个位置，或不能再多一些，然而我们却不能因为它缺乏思想而说它不完满，思想不是广延的本质所必有的，它的本质就是广延，只能就这一类事物来说，才有受限制或不受限制、不完满或完满之分。神的本质是由一个绝对不受限制的存在所构成，因此它需要所有能够完满表现为存在的事物，否则其本质就会受到限制或有缺陷。这样的存在只能有一个，就是通过自身力量而存在的神。例如，如果广延存在，那么它就应该是永恒而不被限制的，也就是绝对地没有不完满性，而只有完满性。因此，广延属于神，或者说，它以某种形式表现了神的本质。

——《伦理学》《给胡德的信》

3. 神的本质

　　神只按照其本质的规则而活动，不会受任何东西的强迫。所有的存在都在神之内，没有神就没有任何东西存在，也没有任何东西被认识。除了神自身，没有其他任何东西可以决定神的活动；神只按照其本质的规则而活动，不会受任何东西的强迫。由此可以推论：①除了神的本质之完满之外，没有其他任何外因或内因迫使神活动。②只有神才是自由的，因为只有神才能够根据其本质之必然而存在和活动。

　　有些人所理解的神之自由，是它能够让自己之必然性所产生的事物不出现。这样的理解之荒谬，就像说神能够改变三角形的本质、使其三内角之和不等于两直角一样，又像说神能够让一定的原因不产生结果一样，是完全说不通的。这些人尽管承认神有无比的智慧，却不相信它能够把这智慧所包含的一切都创造出来，因为这样一来反而破坏了神的无所不能，它就再也不能创造更多的东西。因此他们相信，神只创造那些其绝对意志决定要创造的事物。我已经说过，由于神的本质，无穷多的事物在无穷多的方式下存在，所有的事物以同样的必然性永远由神产生，这一必然性就像三内角之和等于两直角是三角形的必然性一样。神的无所不能永远是现实的，它永远保持其现实性。按照我的说法，神的无所不能就十分完满。而持相反观点的人是否认了神的无所不能，因为在他们看来，尽管神知道无穷多的事物，却不能把它们全都创造出来；如果这样做了，神的创造力就枯竭了，它就失去了自身的完满性。他们不得不说，尽管神是无所不能的，却不能对所有的事物起作用。我无法想象比这更为荒谬的说法。

这些人还说神有理性和意志。在我看来，如果说理性和意志属于神的永恒本质，那么它们应该跟一般人所理解的理性和意志完全不同；构成神的本质之理性和意志，跟我们的理性和意志有天壤之别，它们之间相同的只是这两个名词而已。对于此点，我的证明如下：如果理性属于神的本质，则它的理性从本质上决不像我们的理性一样，是在所理解的事物之后产生的，或者是跟所理解的事物同时产生的。从因果关系看，神是在世界万物之先。万物的真理和其形式上的本质是客观地存在于神的理性之中。神的理性作为构成神的本质，就是世界万物的本质和存在原因，它跟人的理性完全不同。结果和原因的区别就在于，结果是从原因而出。例如，某人可以成为另一个人存在的原因，但不是他的本质原因，因为本质是永恒的真理。从本质上说，这两个人完全相同，而从存在上说，他们互不相同。如果一个人失去其存在，另一个人的存在并不因此而失去；如果这人的本质毁掉了，另一个人的本质也就会毁掉。由此可见，如果某个事物既是另一个事物存在的原因，又是它本质的原因，那么前者必定在本质和存在方面都跟后者不同。神的理性既是人的理性本质的原因，又是其存在的原因，那么神的理性就被其理解为构成神的本质而言，在本质和存在方面都不同于人的理性。至于神的意志问题，我们也可以用同样的方法来进行论证。

神是所有事物的内因而不是其外因。只要是存在的事物都存在于神之内，都通过神而被认识，因此神是在它内部的所有事物之原因；又因为在神之外不可能有任何实体，也就是说在神之外没有任何自在的事物，因此神不可能是任何事物的外因。

神以及它的所有属性都是永恒的。神就是实体，而实体必然存在，神的本质就包含着存在，因此神是永恒的。而神的属性是表明其本质的东西，也就是属于实体的东西；既然永恒性属于实体的本质，那么它的每一个属性都必定包含着永恒性，因此所有属性都是永恒的。

　　神的存在和它的本质是同一的。神和神的所有属性都是永恒的,神的每一属性都表示存在。因此,只要是表明神永恒本质的属性同时又表明神的永恒存在,构成神的本质的属性同时又构成它的存在,神的存在和它的本质就是同一的。由此可以推论:①神的存在就如同其本质一样,是永恒的真理。②神以及它的所有属性都是不变的。如果它们的存在改变了,其本质必定会随着变化,而这是不通的说法。

　　所有必然无限地存在着的形式,要么是产生于神的某种属性,要么是产生于某种属性的分支,而这部分也是必然无限地存在着。形式是在其他事物之内并通过其他事物而被认识的东西,形式只在神之内,只能通过神而被认识。如果形式被理解为必然无限的存在,那么这一特性必定是通过神的某一属性而获得并被认识的。因此,一个必然无限地存在着的形式必定是产生于神的某一属性或根据神的属性而必然无限地存在着的分支。

　　只要是由神产生的事物,其本质并不包含存在。如果一个事物就其本质而言就包含着存在,它就成了自因的,就只需依靠自身本质的必然性而存在;但只有神本身才能做到这一点。由此可以推论,神不仅是让世界万物开始存在的原因,而且是让它们继续存在下去的原因。无论事物存在与否,只要考察其本质,就可以发现,它们的本质并不包含存在,也不包含时间性。因此万物的本质不是它们开始存在的原因,也不是它们继续存在下的原因,只有神的本质才包含存在。

　　在什么意义上可以说神是无限的和没有穷尽的?神的无限性尽管是一个否定性的词语,却表明了一种最高的肯定。我们称神是无限的,是就神的本质或最高完满性而言。而我们说神是没有穷尽的,是在相对的意义上,是相对于其从属的事物而言,它是事物的第一原因。而有些人在理解神的没有穷尽时,把数量加在神的身上，从广延的属性上来肯定神的没有穷尽。这显然是荒谬的。那么怎样证明神的没有穷尽呢？这一证明是，如果没有神的创造，任何事物都不可能在任何一个瞬间存在。神用自己的意志创造了所有事物，并且继续不断地创造它们。

有些人认为神有三种没有穷尽：即本质上的没有穷尽，力量上的没有穷尽，存在上的没有穷尽。这种说法也很荒谬，因为这显然是认为神的本质跟其力量是有区别的。还有人更为明显地说，神的没有穷尽只是由于其力量，而不是由于其本质。好像神的力量跟神的无限本质是可以分开似的。如果是这样，那么神的力量要么是某种被创造的东西，要么对神的本质来说是某种偶然的东西，然而这两种假设都是荒谬的。如果神的力量是某种被创造的东西，它就需要另一个力量来保存；如果神的力量是某种偶然的东西，神就不是一个纯粹的存在；而这都跟我们前面已经证明过的结论相矛盾。这些人还把存在上的没有穷尽看成跟神的本质不同的东西，认为这就是指所有事物都被神所创造的和保存的。他们之所以将两者分开，是因为把神的理性跟人的理性混为一谈，把神的力量跟君主的力量进行类比。

神是不变的。首先，神不可能发生外因引起的变化，因为神是所有事物的唯一原因，不可能受任何事物的影响；而任何一个被创造的事物自身并没有存在的力量，它根本不可能对自己的原因产生影响。神也不可能由于内因而产生变化，出于意志的任何变化都是为了改善自己的状况，要么是避免恶，要么是获得所缺少的善，而神作为最完满的存在是不可能发生这两种情况的。因此，神是不变的存在。

神是单纯的存在，不可能是复合的存在。一个复合物的组成部分是先于该复合物而存在的，如果神是复合的，那么组成它的各种实体就应该先于它存在，而且这些实体是有区别的，它们每一个在没有其他实体的帮助下也能够独立存在。这样一来，我们就会有许多的神,其个数等于组成神的实体数目。既然每个实体都能独立存在,并且只依靠自己存在,那么它们就有力量获得我们说过的神的所有完满性。这显然是荒谬的。因此,神不可能由实体复合而成。此外,在神之中也没有不同形式的复合,这是因为神并不具有形式,形式是从实体变化而来的。我们对于神的种种属性的区别并不具有实在性,仅仅是在思想上进行区别而已。

——《伦理学》《笛卡尔哲学原理》

4.神的完满性和永恒性

神能够把所有的事物创造得如此完满,就像在其观念里所思考的那样完满,而它所思考的事物不可能被思考得更完满了。因此,它能够把所有的事物创造得如此完满,以至于不可能创造得更为完满。我们说神不可能不做它已经做的,就是根据其完满性得出的。如果神能够不做它所做的,那里等于说神是有缺陷、不完满的,那么它也就不是神了。

世界上所发生的一切都是神创造的,因此具有神的必然性;如果神能够不做其所做的,它就成了一个变化的东西,也就是极大的不完满,而这是不可能的。神所做的事情跟神是同时存在的,其必然性是永恒的,它既没有过去也没有未来。 个事物被神创造并存在,这就是完满,因为不存在就是不完满。既然神的意志是所有事物完满之所在,如果神希望某个事物不存在,那么其完满也就不存在了,这是自相矛盾的。因此,我认为神不可能不做它所做的事情。

有人说,某个事物好,是因为神希望它是好的,因此神也可以把坏的事物变成好的。这就等于说,神希望自己是神,因此它就成了神,同时它也有能力让自己不是神。这种说法是太荒谬了。这就像某个人做了一件事,有人问他为什么做这件事,他的回答是由于正义;那人又追问为什么由于正义,他又回答由于正义希望这样。然而这样的回答就意味着,正义有可能在某个时候希望变成不正义。这些人说,神之所以做了这一切,是因为这一切都是好的。表面看起来,他们的说法跟我的差别不大,实际上是"差之毫厘,谬以千里"。他们在神之先预设了一个"好的"东西,是神必须去追求的而与之结合的。也就是说,成了神之作为的一个原因。这显然是不通的说法。

还有人问,如果神永恒创造的是另一个不同的世界,神是不是同样的完满呢?我的回答是,如果是这样的话,那时的神跟其现在的意志和理解都不相同,创造的自然也不同;如果我们承认神现在是最完满的,就不得不同时承认,那时的神不是最完满的。但这样的说法显然是荒谬的。神无论在现在、过去还是未来都是永远不变的。

所谓的自由,并不是能做或不能做什么事情,而在于它是不依赖于任何东西来做事情。只要是神所做的一切,它都是以最高的自由身份来做的。使得神去做某个事情,不可能是别的什么,只能是神的完满本身。如果不是由于神的完满,我们的世界不会成为现在这个样子。

有人提出疑问,既然神是最高的完满,并且是所有事物的原因,它怎么能够允许自然中随处可见的混乱呢?还有,它为什么把人创造成可能犯罪的样子呢?我的回答是,任何人都没有权利说自然中有混乱。没有人可以说他已经认识了事物的所有原因,从而有资格做出这样的判断。说这种话的人完全是一种无知。他们给自己构筑了种种普遍观念,并认为那些个别事物只有符合这些观念才是完满的。实际上只有个别、特定的事物才是有原因的,而普遍的观念是没有原因的,因为它们什么都不是。例如,如果神把所有人都造成像堕落前的亚当那样,它就只是创造了亚当,而没有创造彼得、保罗，等等。而神的完满性就在于，它创造了所有的事物，从最卑小到最伟大的，说得更为准确一些，它在自身中具备所有的完满。至于神为什么没有把人创造成不犯罪，我的回答是，所有被称为犯罪的东西，只是从我们的观点去看，也就是把两个事物进行比较，或者从不同的观点对事物进行比较而得出的。例如，一个钟表匠造了一块表，让它准确报时，如果它符合钟表匠的意图，我们就说它是好的；如果它走得不准，我们就说它是坏的。然而在后一种情况下它仍然可以是好的。这是因为，如果钟表匠的意图本来就是要让它走得不准，不能准确报时。因此我们得出的结论是，彼得就应该符合彼得的观念，而不是符合人的观念；所谓好坏、善恶也不过是思想的一种形式，并不是实在的事物。这是因为，自然中的所有事物都是完满的。

最后我想探讨一下，如果说我们人爱神，那么神是否同样爱我们？如果爱，那么这种爱是否由于人对神的爱所致？我说过，除了生物的种种思想形式之外，神再没有其他任何思想形式。因此我们不能说神对人有什么爱或恨，更不能说神爱人是因为人爱神，神恨人是因为人恨神。如果我们这样说，那就等于承认人可以凭借其自由意志去爱或恨，人可以不依赖某个第一原因，而这显然是荒谬的；如果我们这样说，还把神当成了一个可以改变的东西：以前它既不爱也不恨，现在却不得不去爱或恨，而且是被某个外在的事物所决定，这就显得更为荒谬了。

我们说神不爱人，应该做这样的理解：人在神之中跟所有存在的事物结合在一起，而神就是这所有存在的整体，因此不可能有什么通常意义下的神对某个事物的爱。所有的存在只是形成一个东西，那就是神本身。因此，神将自己的法律给予人，并不是为了在人们去履行它时来奖励他们，或者更准确地说，神的法律是不可违犯的。例如弱肉强食、结果不可能超出原因所包含的内容等，这些法律或法则是不可改变的，其存在无始无终，而所有的事物都被它们所制约。

延续是事物存在的状态,但不是事物的本质。既然神的存在就是其本质,因此我们不能说神具有任何延续。如果把延续看成神的属性,那么就等于把神的存在跟其本质分开了。有人会说,现在神难道不是比创造亚当的时候存在得更为久长一些吗?在他们看来,神是不能没有延续的。他们的问题是,既然神在创造亚当之前就已经存在,那么到现在又过去了一长段时间,神是否把这段时间加在自己的存在上面了?每过去一天,他们就把一段延续时间归之于神,好像神是连续地创造自己的。如果不是把神的存在跟其本质分开,他们就不可能把延续归之于神,因为事物的本质是没有延续的。例如,我们肯定不能说,圆的本质或三角形的本质,就其作为永恒的真理而言,现在的存在要比亚当的时代更久长。而且延续可以被想象为或长或短,好像是由一个个部分组成,这就更不能把任何延续归之于神。既然神的存在是永恒的,其中不可能有过去或未来。因此,如果把延续归之于神,就等于把本性是无限的东西分割为一个个部分。

一些人把延续归之于神,其原因是:①他们试图离开神来说明永恒性,好像永恒性可以离开神的本质而获得理解似的。这一错误还在于用语不当,我们往往把永恒性归之于那些其本质跟存在不一致的事物,甚至还归之于那些不能设想为存在的事物之本质。②他们认为事物总是连续变化的,而看不到事物的本质可以跟其存在不同。③他们把神的本质看成跟被创造的事物之本质一样的东西,认为它可以跟其存在分开。

我要强调的是,所有被创造的事物,也就是除了神以外的所有事物,其存在都是源于神的力量或本质,而不是由于事物本身的力量。这些事物现在的存在并非其未来存在的原因,这原因只能是神的不变性。因此,神不仅创造了事物,还保持事物的存在。

由此我们可以得出结论:首先,被创造的事物之存在并不来自其本质,而神的存在就像其本质一样就是神自身。只有被创造的事物才有延续,而神是不会有延续的。其次,尽管所有被创造的事物都有现在的延续和存在,却缺少未来的延续和存在,因为这些延续是必须不断地加给被创造的事物的。然而由于神的存在来自神的本质,我们就不可能把任何未来的存在加给它,因为这种存在是它永远有的东西,或者更为准确地说,现实无限的存在是神本身所固有的。我把这种无限存在称为永恒性,永恒性只能属于神,而不能属于任何被创造的事物。

——《神、人以及人的幸福》《笛卡尔哲学原理》

5.神的思想和理性

思想是神的一个属性,或者说,神是能思想的东西。个别的思想只是以某种形式表明神的本性。因此,神具有思想这个属性,所有个别思想只有包含在这个属性之内才可能获得理解。思想表明了神永恒无限的本质,也就是说,神是能思想的东西。一个能思想的东西,它所思想的事物越多,所具有的实在性或完满性也就越多。如果一个存在能够以无穷多的方式来思想无穷多的事物,那么仅凭其思想它就是无限的。因此,思想必定是神的无穷多属性之中的一个。

关于神之本质的观念以及由其本质产生的事物的观念都在神之内。神能够以无穷多的方式来思想无穷多的事物,或者说,神能够形成自己本质的观念以及由其本质产生的所有事物的观念。只要是在神的力量之内的东西,都必然存在。因此,这种观念必然存在,并且只能存在于神之内。

只有神才是观念存在的原因, 这里是就神被当作思想者而言,而不是指神被其他属性所说明。神的其他属性的观念并不以这些观念的对象为其原因，只有作为思想者的神本身才是其原因。神之所以能够形成关于自己本质的观念以及所有由其本质产生的事物的观念，是因为神是能思想的东西，而不是因为它是其观念的对象。

观念的顺序和联系跟事物的顺序和联系是相同的。由此可以推论，神思想上的力量就等于它现实的活动力量。只要被我们认为是构成实体本质的东西，都只属于唯一的实体。因此，所谓思想的实体和广延的实体其实就是同一个实体，只是有时通过这个属性、有时通过那个属性表现出来而已。同样的，广延的某个形式跟该形式的观念也是同一个东西，只是由两种不同的方式表现出来而已。某些希伯来人似乎体会到这一真理，他们说，神的理性和神所认识的对象是同一的东西。例如，存在于自然界的圆形跟存在于神之内的圆形观念是同一个东西，只是通过不同的属性来表现而已。因此，无论是借助于广延这一属性，还是借助于思想这一属性，或者借助于其他属性来认识自然，我们都会发现同样的因果顺序或联系。也就是说，无论从哪一种观点看，我们都会发现事物同样的连续关系。当我说神是圆形观念的原因时，是就神是一个思想者而言；当我说神是圆形自身的原因时，是就神是一个广延的东西而言。我的意思是，圆形观念的存在，只有借助于其他思想形式才可能被认识，而后者又得借助于另一种思想形式才可能被认识，如此下去，以至于无穷。因此，当事物被看成思想形式时，我们只能用思想这一属性来解释整个自然界的顺序或因果联系；当事物被看成广延形式时，我们只能用广延这一属性来解释之；其他属性的情况也是一样的。就神具有无穷多属性而言，它是事物本身的原因。

无所不知是神的一种属性。因为知识包含一种完满性，而神是最完满的存在，不应该缺少任何一种完满性。因此神具有最高的知识；这种知识不应该有任何不足之处，否则神的属性即神本身就有不完满性。由此可知,神的知识是直接的,不需要任何推理过程。神的观念不像我们人的观念一样被外部事物所限制;相反的,神创造的事物是由神的理性所决定的;否则事物就会依靠自身而具有本质,或者在本质上先于神的理性,这显然是荒谬的。有些人认为,在神之外有一种物质跟神一样永恒,而且能够独立存在,并且被神的理性引入一定的秩序。还有人说,该物质还可以从神那里得到某种形式。另有人说,有些事物是偶然的,神也知道这一点,但不知道它们是否存在。最后还有人认为,神可能是由于长期的经验而知道这些偶然事物的。显然这些议论都是错误的。

我的看法是,在神之外没有它的知识对象,神的知识对象就是它自身。神自身就是它的知识。有些人说,世界是神的知识对象。这是错误的。因为任何事物的本质和存在都是神的理性或意志所创造的。有人问,神是否知道丑陋、罪恶、思想存在,等等?我的回答是,只要是以神为原因的事物,神都知道,因为没有神的力量帮助,这些事物不能存在。既然在事物中并没有什么丑陋和罪恶,丑陋和罪恶只是存在于将事物进行比较的人的精神之中。因此,离开了人的精神,神就不可能知道丑陋和罪恶。思想作为一种形式被神所知道,是因为我们感到神一如既往地创造和保存人的精神,而并非神直接记住了它所知的事物中具有这些思想形式。

有些人认为,神只知道永恒的事物,如天使和天堂等,这些事物是无生无死的,此外神就什么都不知道了。实际上任何个别事物没有神的帮助是根本不可能存在的。神具有个别事物的知识,反倒是对那些所谓的共相一无所知,除非是通过理解人的精神,神才具有这种知识。

还有一个问题:神是有许多观念,还是只有一个观念?我的回答是,神的观念只有一个,并且是最为单纯的。神只有一个关于自身的观念才能够被称为是无所不知的。这一观念或知识永远与神同在。因此它就是神的本质,在神的本质之外不可能有任何东西存在。

　　神爱自身的意志是通过神认识自己的无限理性中必然产生的。而神的意志和力量跟神的理性并没有根本的区别。因为神不仅决定了事物的存在，也决定了其本质。事物的本质和存在应该依赖于神的意志和力量。因此，神用来创造、理解、保存或热爱被创造事物的理性、力量和意志之间是没有区别的，只是对于我们的思想来说，它们才有某种区别。

——《伦理学》《笛卡尔哲学原理》

6. 神有目的吗

　　人们对于神有许多成见，它们妨碍我们以正确的方式来了解事物的联系，因此我想用理性来对之进行考察。这些成见都是源于一点：人们通常认为，自然界的所有事物跟人一样，都是为了达到某个目的而活动；而且他们相信，神做事情也有一定的目的，神造万物是为了人，而神造人是为了让人敬奉神。因此，我首先要考察的就是这一成见，探究为什么大多数人都具有这种成见，为什么几乎所有人都很自然地倾向于这一成见。其次，我要指出这种成见的荒谬之处在哪里。最后，我要指出关于善恶、功过、赏罚、治乱、美丑等方面的成见是怎样从这一成见中派生出来的。

　　我这里先不必从人的本性上来找原因，只需拿一个人所共知的事实为根据就行了，这就是：人人都有一种追求于己有利的东西之欲望，而且能够意识到这种欲望，但他们并不明白事物的原因。这样一来，首先，他们由于意识到自己有意志和欲望，就以为自己是自由的，同时却对于引起这些意志和欲望的原因一无所知，甚至想都没想过。其次，他们都按照目的行事，也就是追求于己有利的东西。因此，对于任何事情他们只求知道它们的目的，能够知道这一点他们就满足了，除此以外他们以为再没有其他原因可以探究了。如果有时他们对于某些事物的目的毫无所知，从未听说过，就只有听凭主观猜想，以自己平时活动的目的来忖度自然事物的目的。而且他们发现，在自己身上和外部世界里有很多东西都可以用作达到某种目的的手段。例如，眼睛可以用来看东西，牙齿可以用来嚼食物，动植物可以用来增加营养，太阳可以用来提供光明，大海可以用来养殖鱼类，等等。因此，他们就把所有的自然事物都看成是对自己有用的工具。

　　然而这些工具并不是他们自己制造出来的，而是现成的，他们就推测，必定另外有人制造了这些工具来供他们使用。既然他们把自然事物当成工具，就不会认为它们是自我创造而成的。这样他们就推测，世界上必定有一个或多个真正的主宰具有人的自由，可以支配和创造一切来供他们使用。但他们对这个（或这些）真正的主宰一无所知，只能凭自己的主观臆想来予以揣测，于是他们说，这些真正的主宰制造万物来供人使用，是为了让人们敬奉它们。因此，他们想方设法通过各种祭祀活动来讨好众神（这是他们给这些真正的主宰起的名字），获取它们的欢心，希望众神能够把整个自然界都拿来满足其贪欲。这样，这一成见就逐渐演变成迷信并深入人心，而且很难消除。这就是人们为什么都殚精竭虑地认识和解释世界万物目的之原因。

　　他们认为，世界万物都有目的而且都是供人使用的，这就等于说自然和众神也跟人一样处于疯狂状态。这一成见真是带来了无穷的后患。要知道自然事物中，尽管对人有益的并不少，但对人有害的也很多。例如大风暴、地震、疾病，等等。然而这些人又牵强附会地辩解说，这些不幸的灾祸之所以发生，是因为人有罪过，冒犯了众神，众神震怒，以此显示惩罚；或者是因为人们祭祀众神时不够虔诚，礼仪不周，招致神的谴责。尽管我们平时的生活经验可以举出无数事例来证明，人们遭受灾祸并不因为他们是不敬神者,有许多虔诚敬神者也饱受灾难,人们仍然不会消除自己这种很深的成见。他们维持自己现有的愚昧状态,要比抛弃成见、另求新知容易得多。他们宣称,他们相信众神的判断要大大超出我们人类的理解。这样的说法,如果不用数学来加以纠正,就会让人类万劫不复,永远无法认识真理。因为数学不去探究什么目的,只是研究形象的本质和特征,从而提供了一种真理的模型。当然,此外还有别的因素可以让我们认识到这种成见之错误,从而获得对事物真正的知识。

现在已经很明白,自然本身并没有预定的目的,而所有的目的不过是人们心中的幻象而已,这一点已经无须多说了。这里我想补充的是:这种目的论是把自然给弄颠倒了。它倒因为果,倒果为因;把本性在先的东西当作在后的东西,把最完满的当作最不完满的。实际上,直接由神产生的东西才是最完满的,而那种由许多间接原因产生的东西是最不完满的。如果直接由神产生的东西只是神达到某种目的的工具,那么就成了最先产生的东西是为最后产生的东西而存在,这最后的东西反而超越一切了。这显然是不通的。此外,这样的说法也否定了神的完满性。这是因为,如果神是为了某种目的而运动,它必定是去寻求自己所缺乏的东西。

持这种说法的人还采用了一种诡辩的方法来证明其合理性。我可以举一个例子来予以说明。一块石头从高处坠落,恰好砸死了从下面路过的人。这些人就论证说,这块石头坠落的目的就是砸死这个人。这是因为,如果神没有意旨砸死这个人,世界上不会有这样巧的事情发生。如果我们反驳说,这事之所以发生,是因为那天在刮大风,而那人凑巧在那时从那里走过。他们就会继续追问:如果不是神的意思,那天怎么会刮大风,那人又恰好从那里走过而被砸死呢?如果我们回答说,那天起大风是因为天气有了剧烈变化,而那人从哪里走过,是因为朋友有事情相邀。他们就会继续追问:如果不是神的意思,那天的天气怎么会剧烈变化,他的朋友怎么会邀请他呢？这样的追问是可以无穷无尽的，直到迫使你不得不承认这是神的意志。其实这里所谓神的意志就是无知的代名词。又例如，这些人看到人体结构之巧妙，却不知道其中的道理，感到惊讶，于是就断定这不属于一般的机械结构，而是由一种神圣的超自然的目的创造而成的，因此各部分能够结合得如此巧妙。如果有人想探求这一结构的真正原因，以学者的态度来了解自然，就会被他们指责为宣扬邪说、亵渎神灵。他们知道，一旦有人消除愚昧，人们就不再对此感到惊讶而不可解，这些人用作论据的东西就会被戳穿而无效。

只要人们相信世界万物之存在都是为了供人使用，就一定会把对人最有用的东西看成最有价值的。由于他们以此成见来解释自然事物，就形成了善恶、治乱、美丑等观念。人们把那些能够增强身体健康并敬奉神的东西称为善，反之则是恶。他们不知事物的本性，无法理解，只凭想象，相信事物自身是有秩序的。事物是经由感官而呈现在我们的心灵之中，只要它便于我们想象和记忆，我们就称它为有秩序的，反之就称之为无序或混乱的。那些最容易想象的事物是最能够让我们获得满足的。因此，人们总是厌恶混乱而喜好秩序，就好像秩序是自然本身所固有的，跟我们的想象无关。他们还宣称，神创造万物，井然有序，这样，他们把神也看成是有想象的了；他们的意思是，神为了让人便于想象，在创造万物时有意让它们井然有序。他们没有想到，自然界超出想象的东西实在是太多了，而我们的想象力是太微弱了，那些我们根本想象不到的东西是数不胜数。上面所列的其他观念也都是人们想象的产物而已，但由于他们的无知，却将其当成事物的重要属性。他们相信世界万物都是为人而创造的，因此对于事物的评判完全根据自己的感受而定。例如，外部事物刺激我们的眼神经，使我们感到舒适，我们就说它是美的；反之，我们就说它丑。此外，外部事物刺激我们的嗅觉，于是有香臭之分；刺激我们的味觉，于是有甜苦之别;刺激我们的触觉,于是有轻重软硬之差。最后,外部事物刺激我们的听觉,于是有噪声、乐声与和声的区别;而和声特别让人着迷,以至于让他们相信神也喜爱和声,有些哲学家甚至相信天体的运行也是一种和声。所有这些都表明,人们评判事物完全是根据自己的心理状态,也就是把想象的东西当成事物本身。这样,人们由于想法不一,歧见纷呈,最后陷于怀疑主义,这也是很自然的事情。人的身体大致相同,但相异之处更多:这个人认为是善的,那个人认为是恶;这个人认为是秩序井然,那个人认为是一片混乱;这个人感到愉悦欣慰,那个人会表示厌恶,如此等等,举不胜举。人们常说:"每个人的心都不同, 就像他们的脸各不一样。"又说:"每个人的想法都是自己的那一套。"还说:"每个人想得不一样,喜好也各有不同。"这样一些谚语足以表明,人们对于事物的评判完全是根据自己的心理状态而定; 他们只凭想象,不顾理性。如果他们能够理性地了解事物,就会把我的理论看成数学证明一样的东西,即使感觉不到什么趣味,至少也会认为它是让人信服的。

现在我们已经明白, 人们所习惯于拿来解释自然的那些观念。只不过是想象的产物,除了表明想象的状况之外,跟事物的本性并无关系。这些观念都有名称,看起来好像是离开想象而独立存在的事物。因此我们称它们是想象的存在,而不是理性的存在。这样我们就很容易反驳那些依据这些想象存在来反对我们的人。例如,有不少人反问我们:如果万物都是出于神最完满本性之必然,那么这个世界上为什么会有那么多的缺陷,如腐烂发臭之物、丑陋得让人不忍目睹之物、混乱之物、罪恶之物,等等呢?我的回答很简单:要判断事物是否完满,只能够根据事物的本性和力量而定。因此事物的完满跟它是否赏心悦目、有益于人并无关系。还有人问,既然神创造了人,为什么不让人只服从理性的指导呢?我的回答是,神有充足的材料来创造从最高级到最低级完满性的所有事物。神的法则无比广大，只要是神的无穷智慧所能观照的一切都可以创造出来。

——《伦理学》

7.神的法律和人的法律

所谓法律，是指个人或者事物按照某种固定方式的活动，这一方式或者是由于某种物的必然性，或者是由于人的命令而形成。由于物的必然性而形成的法律，是物的性质之必然结果；由于人的命令而形成的法律，它是人们为自己或他人而确立的，为了让我们的生活更安全、更便利，等等。例如，有一条定律是，如果某物体撞上另一较小物体，它所损失的运动量跟传递给这较小物体的运动量相等。这条定律就是建立在自然的必然性之上的。一个人回忆起某个东西，同时就能回忆起跟它类似的东西，这一定律也是建立在人性的必然之上的。然而人们放弃某些自然权利，过一种自我约束的生活，这是一条建立在人的命令之上的法律。尽管我承认世界上的一切都是由普遍的自然法所规定，它们的存在和活动都有固定的方式，我仍然要说的是，这个法律同时也是建立在人的命令之上的。这是因为：

（1）人是自然的一部分，也是自然力量的一部分。因此，只要是服从人性的必然性，也就是服从自然本身，也就是服从人的力量。这一种法律的裁定主要依靠人的精神的力量，可以说是依靠人的法令；尽管人的精神对于事物的知觉有可能是不准确的，也就是不具有这种法律，但它仍然具有前面所说的那种必然性。

（2）既然这些法律有赖于人的法令，我们应该以事物的直接原因来说明事物。对于命运和原因的连续关系之一般思考，无助于我们去探究那些特殊问题，而且我们对于世上万物实际的构成、协调和连接其实是毫无所知的。认定事物具有偶然性，对于我们为人处世是有好处的，是很有必要的。

这样，法律看来是一个类比于自然现象的词，一般是指一个人们可以遵守也可以不遵守的命令。因为它约束人性以不超出某种限度，这一限度要比自然人性的范围狭小，超出人力范围就不起作用了。确切地说，法律是为了某一目的，人们给自己或他人定下的一种生活方式，这样给法律下定义就比较方便了。然而知道立法目的的只有少数人，大多数人尽管受到法律的约束，却不明白立法的目的是什么；立法者为了让公众遵守法律，就给予法律另一种不同于其本质的目的，他让守法者获得所想要的好处，让违法者承受所害怕的危险。这样一来，法律对于公众的约束，就像给马套上笼头一样。法律往往被当作某些人以自己的权威加之于公众的生活方式，守法者是不得不服从法律。说实话，一个人由于害怕被绞死而不去侵犯他人，这并不能说他是一个富有正义感的人。然而一个人由于真正明白为什么要有法律而自愿地不去侵犯他人，他就是一个正直的人。我想这也是保罗的想法，他说被法律强制而守法的人不能算是一个正义的人，因为正义通常是指尊重他人权利的一种长久不变的意志。因此所罗门说："正义者行正义之举是一件好事，而恶人做正义之事却十分可怕。"

既然法律是人为了某种目的给自己或他人定下的一种生活方式，那就可以把它分为人的法律和神的法律。所谓人的法律是指让生命和国家获得安全的一种生活方式。所谓神的法律是指其目的为最高的善，即真正知道神，并且爱神的一种生活方式。我把这种法律称为"神的"，是因为其性质为最高的善。智力是我们人的最好成分，如果要想找到对我们最为有利的东西，就应该尽力让我们的智力臻于完善。最高的善就在于智力的完善。我们所有的知识和确信都有赖于对神的了解，这是因为：①如果没有神，一切都不存在，也无法想象；②如果对于神没有清晰的观念，就不可能对世界上的一切有清楚的认识。我们最高的完善完全依靠对神的了解。既然没有神，世界上的一切都不存在，也无法想象，那么所有的自然现象在其完善程度中就已经包含和显现了神的观念。我们对自然现象知道得越多，我们对神的了解也就越多。最看重以智力来了解神的人，就是最完善和最幸福的人。我们最高的善和幸福就是爱神和了解神。因此，让人的所有行为都为此目的之方法，我们称之为神的命令；这些命令是来自神自己（这是由于神存在于我们的精神之中）。为了达到这一目的而定下的生活方式，我们称之为神的法律。

爱神是人最高的幸福和快乐，是人类所有行为的目的。因此，只有这样的人才是遵守神的法律之人：他们不是由于害怕受罚而爱神，也不是由于喜爱别的事物，如肉体快乐、名声等而爱神；他们只是由于了解神或者相信了解和爱神是最高的善而爱神。这样，神的法律的主要内容就是，爱神就是最高的善，即爱神不是由于害怕痛苦和惩罚或者爱某一事物而获得快乐。认识神和爱神是我们的最终目的，我们所有的行为都应该以此为准则。一般人很难了解这一点，甚至觉得这很可笑，这是因为他们对神所知甚少，也是因为他们在最高的善中找不到任何可以接触和可吃的东西，也找不到任何跟肉欲有关的东西，而这些人主要因肉欲而感受快乐，但最高的善则主要靠思想和纯粹理性。那些具有理性的人肯定会同意我的说法。

我们已经说了什么是神的法律，也说了什么是人的法律。人的法律之目的各不相同，除非它是通过启示而制定的。从这个意义上说，摩西法律尽管不是普遍适用的，只是随着某一民族的气质和生存而变化，但它是由预言家的领悟而产生的，因此也可称为神的法律。按照刚才对神的法律之解释，我们可以知道：

（1）神的法律是普遍的，为所有的人所共有。因此它是从普遍人性中抽取出来的。

（2）神的法律并不依靠任何历史叙述，因为我们只要对于人性加以思考，就可以明白它；亚当有这种人性，任何人都有这种人性；跟他人共处的人有这种人性，孤身独处的人也有这种人性。某个历史叙述即使再真实，也无法给我们关于神的知识。因此也无法给我们对于神的爱，因为爱神是由于对神有所了解，而这一了解是来自己知而明确的普遍观念。因此，历史叙述的真实性对于达到最高的善并不是必要的。尽管如此，阅读历史对于我们为人处世还是有用的。这是因为，人的行动最能体现风俗和人的境况，而对此知道得越多，我们也就越能够同人们和睦相处，让自己的行为适应这个社会。

（3）神的法律并不要求为它举行什么仪式，这种仪式是无关紧要的；这些仪式之所以被称为善，不过是旧例的作用，或者是某些获救的象征，或者是人的智力所不了解的一些行动。人类天生的智力并不要求它无法提供的东西，它只要求理性可以清楚地证明为善的，或者是获得幸福的某种方法。如果只是来自习俗的规定，或者只是象征某种善的事物，它就是一种徒具形式的东西，不可能变成那些具有健全精神或智力的人之行动。

（4）最后，我们知道神的法律之最高报答就是该法律自身，也就是了解神，发自内心地爱神。神的法律之惩罚就是没有这种情况，人们被肉欲所奴役，也就是其精神不能独立自主。

所有的法律，只要是不可违犯的，都是神的法律，只要是存在的事物都不会违犯神的规定，而是符合它的。只要是可违犯的法律都是人的法律，人规定的所有事物都是为了自身的利益，然而自然并不认为这是利益，恰恰相反，这些法律有可能损害甚至毁灭其他许多事物。

神的法律是最终目的，不从属于任何东西；而人的法律只是为了自身利益。不过在人实现这一目的时，也可能让自己的法律符合神的法律，跟其他事物一起来完成整个自然的事业。例如，蜜蜂辛勤酿蜜,遵守蜂群的纪律,其目的是在冬季时有食物;而比它地位高的人类却通过养蜂,让蜂蜜供自己享用。同样的,人作为一个特定事物,没有超出自己有限本质的目的;然而他作为整个自然的一个部分,其目的不可能是自然的最终目的,因为自然是无限的,人只不过是它的一种手段,就像其他事物一样。

一个能够理解神的人必然会感知到两种法律:一种是源于他跟神的联系,另一种是源于他跟自然中各种形式的联系。前一种法律是必然的,后一种不是必然的。前者会永远在人的心中存在,按照这些法律他应该为神而生活,和神在一起;相反的,后者即人跟各种形式的联系而产生的法律是可以跟人相分离的,因此就不是必然的。

既然通过神的法律人跟神之间建立了这种联系,人们会问:神是怎样让人知道它的呢?它是借助于某种语言还是直接由其自身来让人知道的呢?我的回答是,这不可能是通过语言做到的。如果可以通过语言来知道神,那么在这语言得以解说之前,人们就应该知道它所包含的意义了。例如,如果神对以色列人说,我是耶和华,是你们的神,那在说这些话之前,他们就应该已经知道神的存在,然后才能通过语言确定是它。因为在这一瞬间,他们十分明白,这声音和电闪雷鸣并不是神,尽管这声音说它是神。其他符号也跟语言一样,不可能是神用来让人们知道自己的工具。

我认为,我们知道神,除了神的本质和人的理解力之外,不需要任何东西。在我们之中,用来认识神的就是理解力,理解力直接跟神结合在一起;如果没有神,理解力也就不存在了。除此之外,我们不可能通过另一个事物来认识神。否则的话,这个事物就比神更加被我们所知,这显然是荒谬的。

——《神学政治论》《神、人以及人的幸福》

8.奇迹不是神的体现

　　有些人往往习惯于把人的智力所不理解的知识称为神的,因此也把不明原因的事物称之为神所为。人们通常认为,那些反常的或有违其对自然观念的事情明确表达了神的力量,特别是在这些事情能够给他们带来好处的时候。在他们看来,自然如果超出了他们的想象,就表明了神的存在。他们认为,用自然的原因来解释或理解这些奇迹的人是在否定神;自然如果遵循常规运行,这就表明神没有活动,而神有所作为时,自然的力量和原因就不起作用了。这样看来,在他们眼里,是存在着两种不同的力量:神的力量和自然的力量。尽管从某种意义上说,自然的力量是由神决定的,为神所创造。其实他们并不清楚所说的神力量和自然力量究竟是什么,神和自然究竟是什么。他们以为神的力量就像一个君王的权力,而自然的力量是力和能量。

　　一般人把不同寻常的现象称之为奇迹,这部分原因是由于虔诚,部分原因是为了反对科学;他们宁可对自然原因毫无所知,却愿意去崇拜那些他们毫无了解的事物。实际上,这些人只是崇拜神,认为世界上所有的事物都来自神的力量,不存在什么自然的原因。这种观念最早应该起源于犹太人。当他们发现周围的非犹太人崇拜有形的神,如太阳、月亮、土地、水、气等时,就告诉他人自己所崇拜的是一位无形之神,为的是表明他人所崇拜的神是弱小、不定和变化无常的。他们叙述了自己遇到的奇迹,表明神是为他们的利益而安排了整个自然。这种观念很让一些人喜欢,直到现在还有不少人认为有奇迹,从而相信自己是神的选民,神创造并支配世界的最终目的也是为了他们。这些人对于神或自然的观念是错误的,混淆了神的命令和人的命令。在他们心中,自然界的范围太狭窄了,人成了自然的主要部分。我想要证明的是:①自然是无法违背的,而且有确定不变的秩序。我还要解说奇迹是怎么回事。②神的性质和存在并不能由奇迹而得知,只能通过自然确定不变的秩序而被揭示出来。③《圣经》中神的命令、意志只是指遵循永久法则的自然秩序而已。④最后,我要说一下解释《圣经》中奇迹的方法,以及在讲述奇迹时要注意的问题。

我们曾经证明,神理解跟神的意志是一回事;我们说神在意于一个事物,就等于说它了解了这一事物。因此,神了解一个事物的本质,这是神性和完满不能不如此的;神按照事物的本质而在意于这一事物,也是不能不如此的。自然的普遍法则就是神的命令,就是遵循神性的必然和完满。违反自然普遍法则的任何事物都必定是违反神的命令。如果有人说神的作为是违反自然法的,就等于说神的作为违反了神自己的本性,这显然是荒谬的。自然界的事物不可能有违反自然普遍法则的,不遵循自然普遍法则的事物是不存在的。无论什么事物的发生都是遵循这一法则的,这一法则包含着永恒的必然真理,尽管它并不一定为人所知晓。自然有着固定不变的秩序。说自然法有的地方适用,有的地方不适用,这是一个不通的说法。因为自然的力量就是神的力量,自然法就是神的命令。自然的力量是无穷无尽的,自然法适用于一切,只要是神的智力和意向能够达到的地方,自然都能将其纳入自己的范围之中。

既然世界上的万物都遵循自然法,自然是无所不包的,那么奇迹就只能是跟人的意见有关的东西。所谓奇迹是指某些事物,其自然原因是那些讲述或写下奇迹的人无法用普遍现象来解释的。实际上奇迹就是一个不能用自然原因来解释、不能确切知道其跟自然运行之关系的事物。既然奇迹是由一般人的理解力形成的,而大众对于自然运行几乎一无所知,那么在古代,人们就把那些未受过教育者采用的方法不能解释的事物统统称为奇迹,例如在回忆、记忆中屡屡见到的事情就是这样的。这样一来，他们对类似的事情就见怪不怪了，因为把它们归之于奇迹，就算是了解它们了。古代的人以及现代的许多人就是这样来判断奇迹的。尽管《圣经》中有许多事情是按照奇迹来讲述的，其原因却可以自然界的作用来予以解释。

神的存在并不是不证自明的，我们必须通过观念来推断它的存在，而这种观念的真实性是确定无疑的，是任何力量都无法驳斥的。如果不是这样，我们就可能对这些观念所包含的真理产生怀疑，怀疑其结论，即神的存在，不再相信任何东西。如果某种事物不跟这些根本观念一致或不同，它就不可能跟自然一致或不同。因此，如果我们想象有某种力量在自然界干了违反自然规律的事情，那就违背了我们的根本观念，从而对神的存在以及所有被察觉的事物都产生怀疑。如果奇迹就是指一些违反自然规律的事物，它不仅不能证明神的存在，反而会让我们怀疑神，而我们本来是毫不怀疑神存在的。因为我们知道自然界是按照一定规律运行的。

我们假设奇迹是指不能用自然原因加以解释的事物，这有两层意思：一是指有自然的原因，然而人的智力无法察觉它；二是指除了神及其意志外，没有任何原因。因此，一个奇迹，无论它是否有自然原因，都是不能用原因来解释的结果，也就是人所不能理解的现象。从这样的现象中我们是得不到任何知识的。只要是我们明确了解的事物，它都是自明的，或者通过其他被明确了解的事物而让我们了解它。由于奇迹是我们不能了解的事物，我们不可能从它那里得到任何关于神的本质和存在、关于自然的知识。如果我们明白世界上的一切都是神所创造和认可，自然是遵循神的本质而运行，自然法就是神的永恒命令和意志，我们就会得出结论说，我们关于神的知识是随着我们对自然的深入认识而增加的。那些能够被我们了解的现象，要比那些我们茫然无所知的现象更应该被称为神的产物,体现了神的意志,尽管后者看起来似乎更能激发我们的想象。

　　只有我们清楚了解的现象才可能提高我们对神的认识,体会神的意志和命令。有些人只要无法解释某个事物,就把它归之于神的意志,这些人是思想的懒汉,这种做法十分愚蠢可笑。退一步说,即使奇迹可以被推断,我们也不可能从奇迹中推断出神的存在。因为任何一个奇迹的力量都是有限的,我们不可能从这个固定有限的力量中推断出那个无限力量的存在。而自然的规律则是无穷无尽的,自然固定不变地遵循自然规律运行的,这种规律在某种程度上给我们指明了神的无限、永恒和不变。我们不可能借助奇迹获得关于神的知识,却很容易从自然固定不变的规律中推断出神的存在。我这里所说奇迹,是指人所不能了解的事物。如果认为奇迹可以毁灭自然的规律,奇迹不仅不能给我们任何知识,反而会把我们本来就有的知识取消,让我们去怀疑神和世界上的一切。奇迹发生在自然界中,却又是超自然的,因此必定破坏自然的秩序。然而自然的秩序是固定不变的,合乎神的命令。因此,如果在自然中有不遵守自然规律的事物发生,它就违反了神借普遍的自然规律建立的永恒法则,违反了神的性质。相信有这种事物的人是怀疑一切的,应该被归到无神论者一类人中去。

　　我们可以得出结论说,奇迹无论是违反自然还是超出自然,都是不可能有的东西,属于无稽之谈。《圣经》中说的奇迹只是指自然中人所不能了解或自以为不了解的东西。

——《神学政治论》

二、我看人的权利、自由和幸福

1.人的自然权利

自然界所有事物的存在和活动都是来自神的力量,神对它们都具有权利;神的权利就是它绝对自由的力量。所有的事物从自然那里获得的权利就跟它们得以存在和活动的力量一样大,每个自然事物得以存在和活动的力量都是神绝对自由的力量。

我们把自然权利定义为得以产生所有事物的自然法或规律,也就是自然力量本身。整个自然的自然权利以及每一个体的自然权利都跟其力量一样大。因此,一个人按照自己的本质活动也就是按照最高的自然权利活动,他的自然权利跟他的力量一样大。

如果人的本质就是按照理性的指导生活而没有其他欲求,那么人的自然权利就仅仅由理性的力量所决定。然而跟理性的指导相比,人们更多的是受盲目的欲望所支配。因此,人的自然力量也就是自然权利,不是由理性,而是由种种尽可能保存自己的欲望冲动所决定的。我知道,只要不是源于理性的欲望,都并非人的主动行为,而是人的被动情感。但这里讨论的是所有事物都有的自然力量或自然权利。我们对理性指导下的欲望和其他原因产生的欲望暂且不做区别,因为它们都是自然的产物,都是人用来保存自己的自然力量之体现。人无论聪明还是愚笨,都是自然的一部分，促使人们行为的所有动机都必定是源于自然力量；自然力量不仅体现在聪明者的本质中，也体现在愚笨者的本质之中。实际上，无论是按照理性的指导还是被欲望所激发，人都是按照自然法或规律活动，也就是按照自然权利活动。

然而在大多数人看来，愚笨者并没有遵守自然的秩序，而在破坏它；人在自然界中本应处于最高地位。他们认为，人的精神并不是自然多种原因的结果，而是直接由神创造的。因此它不必依赖其他任何事物，具有自我决定和正确运用理性的绝对力量。然而无数的经验告诉我们，就像完美的身体不是我们想有就一定有的一样，完美的精神也不是我们想有就一定有的。

人跟自然界的其他事物一样，也要尽可能地保存自己。如果说这里两者有什么区别的话，那么只能说，在我们看来人具有自由意志。然而人越是自由，他就越是要保存自己和具有健全的头脑。实际上自由是一种美德或者一种完满性。因此，任何软弱无能的表现都不是人的自由。如果一个人不能生存或者不能按照理性行事，他就不是自由的；只有在他能够生存、能够按照人的本质法则行事时，他才是自由的。我认为，并不是每个人都能够把理性的运用当成常态并让自由达到最高程度。不过每个人都会尽可能地保存自己，无论是聪明还是愚笨，他都是按照最高的自然权利来做一切事情。这是因为，每个人的权利都跟他的力量一样大。由此可知，自然权利以及自然法所禁止于人类的做的不过是那些没有人愿意做和能做的事情，至于对争斗、怨恨、愤怒、欺骗等因欲望激发的事情是并不禁止的。这不让人奇怪，因为自然并不会被人的理性法则所限制。人的理性法则之目的只在于追求人真正的利益和保存自己；能够限制自然的是关乎整个自然永恒秩序的无数其他法则，相比而言，人在其中就像一滴水在大海中一样。由于这种永恒秩序的必然性，所有的事物之存在和活动都有其一定的方式。因此，如果自然界有什么东西让我们觉得是好笑、荒谬或错误的,那是因为我们只了解一部分事物,而对这一秩序中事物之间的联系几乎是一无所知;同时也是因为我们希望世界上所有事物都按照我们自己理性的要求而存在和活动。实际上,在我们的理性看起来是恶的东西,从整个自然界的秩序和自然法的角度看并不是恶的。

由上所述可知,一个人被他人的力量所控制,他就是处于他人的权利之下;相反的,如果他能够抵抗所有的暴力,并对受到的伤害给予报复,继续按照自己的本质生活,他就是处于自己的权利之下。一个人用自己的力量来控制对方的办法大致有这样几种:①把他捆起来。②缴获他的武器,使之无法自卫或逃跑。③让他产生恐惧情感。④施以恩惠,使之服从主人的意旨,按照主人的要求生活,不再坚持自己的意愿。第1、2种方法只能控制对方的身体,无法控制其思想。第3、4种方法可以让对方的身体和思想都在自己的控制之下,不过是在这种恐惧或恩惠起作用的情况下;一旦它们失去作用,对方就恢复了自己的权利而不再受控制。

如果一个人的思想受到他人欺骗,失去自己的判断能力,他就处于他人的权利之下。因此,只要他能正确运用理性,就完全能够在自己的权利之下,或者说获得完全的自由。由于人的力量主要不是体现在身体强壮上,而在于意志坚强,那些最能接受理性指导的人,也就是最能把握自己权利的人。我们把那些在理性指导下生活的人称为完全自由的人。这是因为,此时他的行动完全由那些仅仅从他的本质来理解的种种原因所决定。实际上自由不但不排除行动的必然性,反而以它为前提。

如果一个人向他人承诺某件事,而他又有力量违背这一承诺,那么当断定这一承诺让自己弊多利少时,他就有可能违背这一诺言。而他这样做完全是凭自己的自然权利。当然,他的这一判断是否正确那就是另一回事了,因为人的判断常会出现错误。

我所说的自然权利是指一些自然规律，也就是每一个体由于自然的限制以某种方式生存和活动。例如，鱼儿天生就是在水中游动，大鱼吃小鱼。因此，鱼在水中其乐无穷，大鱼有最大的自然权利吃掉小鱼。从理论上说，自然有最大的权利去做它想做的事情，自然的权利是跟它的力量一样大的。自然的力量就是神的力量，神的力量有统治万物的权利；由于自然的力量不过是自然中许多个别的力量之集合，因此每一个体都有最高权利去做它能做的事情。也就是说，每一个体的权利可以达到他的力量所允许的最大限度。这样看来，每一个体竭尽全力保存自己，不顾其他，这是自然的最高规律和权利。每一个体都有这样的最高规律和权利，也就是按照它的天赋条件来生存和活动。在这一点上人类跟别的物种个体之间并没有任何区别。在有理性的人跟无理性的人之间，白痴、疯子跟正常人之间也没有什么区别。每一个体根据自然规律无论干了什么，它都有最高权利去这样做。因为它是按照自然的规定去做的，不得不这样做。由此看来，那些被自然所统治的人，不懂理性，没有道德，只是按照自己的欲望行事，他们跟那些按照理性来规范自己行为的人有着同样大的权利。

这就是说，那些睿智之士有最大的权利按照理性行事，而那些无知无识的愚笨之人也有最大的权利按照欲望行事。这跟保罗的指示是一致的：他说，在有法律之前，人们生活在自然的统治之中，这时没有罪恶存在。由此看来，个人的自然权利不是由他的理性所决定的，而是由他的欲望和力量所决定。并非所有的人天生就会按照理性的规律行事，恰恰相反，人们往往是生而无知的，在他们学会理性做人和养成道德习惯之前，一生差不多就要过去了；在此期间，他们仅仅按照欲望的冲动来生存和活动，因为自然没有给他们别的生活指导。他们不须按照理性生活，就像一只猫不须按照狮子的自然规律生活一样。一个人由于其天性，无论是被理性所指导,还是为欲望所驱使,都有最大的权利去要求他所需要的,无论是动用武力,还是使用狡计,或者向人恳求,或者用其他任何方法。凡是妨碍他达到这一目的的都是他的敌人。

综上所述,大多数人的生活都是为了实现其自然权利和自然的规律;自然禁止于人类的,只是那些人们并不欲求的东西和不可能得到的东西,却并不禁止人们去争斗、仇恨、愤怒和欺骗;实际上,只要是欲望所要求的,任何方法都不会被禁止。这并不让人奇怪,因为自然不会受制于人类理性的规律。人类理性的规律只是为了求得人的真正利益和生存,而自然的范围则要宽广得多,体现了自然的永恒秩序。在这一秩序中,人只是大千世界的一颗微粒。由于这一必然性,所有的个体都以一种独特的方式生存和活动。因此,如果大自然中有什么让我们人类觉得可笑、荒谬或错误的,那是因为我们只知道自然的一部分,对于它的总体秩序几乎是一无所知;还因为我们习惯于让世界上的万事万物按照人类理性的要求来安排。实际上,人类理性认为是恶的东西,从自然总体的秩序和规律来看并不是恶。这种恶只是相对于我们理性的规律而言的。

然而我们仍然相信,按照理性的规律可以过一种好得多的生活,理性的规律是为人类求得真正的福利。如果人人都为所欲为,毫无理性之心,彼此只有仇恨和愤怒,那他们就不可能生活在安全之中,而是充满畏惧。当人们处于敌意、仇恨、愤怒和欺骗之中时,他们不可能不时时感到焦虑,因此总希望逃避这种境况。人们如果不互相帮助、不凭借理性,其生活必定是非常悲惨的。如果一个人要享受其自然权利,就不得不跟其他的人和睦相处,就不能仅凭个体的力量和欲望来行事,而得依靠整个群体的力量和意志。如果每个人都只靠自身的欲望来指导行动,就达不到这一目的。因此他们必须接受理性的指导,抑制自己对他人有害的欲望。你希望别人怎样对待你,你就应该据此来对待别人;你维护他人的权利应该就像维护自己的权利一样。

——《政治论》《神学政治论》

2.人不会把所有的权利都交给统治者

　　任何人都不可能把自己的所有权利交给另一个人，以至于自己一无所有；也没有任何人的权力大到可以实现他的所有愿望。权力再大的统治者也不可能命令一个老百姓去仇恨对他有益的东西，或者喜爱对他有害的东西，或者受到侮辱而若无其事，或者不去摆脱恐惧，等等，这些事情是永远做不到的，因为它们必定会遵循人性的规律。历史的经验已经充分证明了这一点，统治者受到内部民众的威胁是跟受外部敌人的威胁一样大的。如果人们的自然权利完全被交出，在统治者不允许的情况下无法对社会事务产生任何影响，那么残暴的政治就可以安然无恙地保持下去了。我们任何人都不会认可这种情况的。因此，我们必须承认这一点：每个人都应该保留自己的部分权利，即由自己来做决定，而不是被他人所决定。

　　应该注意的是，统治者的权利范围不仅包括那些人们由于恐惧而被迫做出的行动，还包括他能让他们做出的所有行动。因为能够让一个人成为臣民的是服从，而不是服从的动机。无论让一个人服从统治者命令的原因是什么，是恐惧还是愿望，是爱国还是其他情感，他服从命令的行动都是由于他归顺于统治者，而不是由于他自己的权利。服从不是指外在的行动，而是指服从者内心的状态；那些心甘情愿服从他人命令的人是最能接受他人统治的人。因此，最为强大的统治是那些能够左右民心者的统治，而不是那些最让人恐惧者的统治；而后者就是暴君的统治，因为他是最让老百姓恐惧的。此外，尽管要完全统治人的心就跟完全统治人的话语一样,是不可能的,然而在一定程度上统治者是可以控制人心的,因为他有很多办法让大多数人在信仰和爱恨方面服从他的愿望。尽管这种服从并非统治者一下令就会实现,却往往是他的权威造成的结果。

尽管国家的权力很大,却永远也不可能大到让统治者的每一个愿望都得到实现的程度。统治者和被统治者都是人,都很容易按照自己的欲望行事。公众的性情是多变的,往往被情感所左右,而不被理性控制,任性而为,因贪婪和奢侈而陷入泥潭。每个人都以为自己无所不知、无所不晓,想让所有的事情都让自己满意,对于公正、合法的看法完全是依据对自己是否有利。他们因虚荣心而瞧不起同年龄的人,不愿接受其指导;又因嫉妒而仇视那些功成名就者;对周围受难的人采取一种幸灾乐祸的态度。问题的难点在于,怎样能够形成一个没有欺骗之可能的统治权,使得每一个人无论其性情如何,在这个社会里都只能去谋公益而不求私利。到目前为止,还未能造成这样一种统治权,它受到自己公民的威胁要比外在的敌人小,或者统治者对前者的恐惧要小于后者。例如罗马帝国对外在之敌是常胜不败,却多次被本国人民所征服,特别是威斯伯欣和卫泰里之战。在亚历山大看来,他在国外获得威望要比国内容易得多,而国内的人们很可能会毁掉他的一世英名。他对朋友说:"如果能够躲开内部的阴谋诡计,我就可以毫无顾虑地面对外部战争的危险。腓力驰骋在战场时要比在剧院里安全得多,他常常能从战场上敌人的刀锋下全身而退,却无法避免其国民的暗杀。只要看看历史就知道,帝王死于暗杀的要比死于沙场的多得多。"

为了保全自己,古代君王常常宣扬自己是永生的神之后代,认为这样一来人们就不再把他们看成是跟自己一样的人,而是视之为神,心甘情愿地服从其统治,听从其命令。因此,奥古斯特想让罗马人相信他是伊尼斯的后代,而伊尼斯是维纳斯的儿子,是众神之一。亚历山大想要人们把他当作丘比特的儿子来顶礼膜拜，其目的也是一样的。他在回答赫摩拉斯的谩骂时说："我是由于丘比特的神谕而获得承认的，赫摩拉斯要我违抗丘比特，这太好笑了。我要遵守神谕，它赋予我丘比特儿子的名义，我应该承认这一点。但愿印度人也相信我是一个神。战争是要靠威信来进行的，即使是通过欺骗而让人相信，也往往能获得真理的力量。"这段话已经把他的意图说得很清楚了。阿里安采用类似的方法发表演讲，要马其顿人服从其国王。在对亚历山大倍加赞扬、历数其丰功伟绩之后，他说："波斯人不仅虔诚，而且把国王尊崇为神，这是通达世事的表现，因为王权是民众安全的保障。当国王进入宴会厅时，我会俯伏在地，其他人也应该这样，尤其是那些明智的人。"马其顿人确实是够精明的，并没有被这些话所打动，只有那些未开化的野蛮人才会受其欺骗，不顾自身利益，甘愿从公民降低到奴隶的地位。还有些君王做得更成功一些，他们让人民相信其王位是神圣的，他们是在地上履行神的职责，王位是神为他们而设置的，不须经过人民选举和同意，王位受神的保佑和庇护。他们宣扬这一类谎言，其目的在于巩固自己的统治。

　　希伯来人离开埃及后，不再受任何国家法规的束缚，可以自由确立新的仪式，随意占据任何地方。在摆脱埃及人的奴役后，他们没有任何契约上的约束，每个人都可以享受其自然权利，自由地保持、放弃或转让给他人。那时他们处于自然状态，他们听从了摩西的劝告，决定把自己的权利转交给神，而不是给其他人。他们承诺听从神所有的命令，只承认神通过预言方式发布的启示。这一承诺就像我们现在一般社会里的情况一样，大家都同意放弃自己的自然权利。实际上是通过一个契约和誓言，犹太人自由地、不受强迫地把自己的权利交给神（《出埃及记》第34章第7节）。因此，只有神对希伯来人有统治权。他们的国家是凭借神的王国这一契约而建立起来的，神就是他们的国王，犹太人的敌人就被说成是神的敌人。凡是想要夺取统治权的公民都犯了背叛神之罪，而国家的法律被称为神的法规和戒律。在希伯来国，行政权和宗教权都是基于服从神而成立，两者是同一的。宗教上的信条不是一些格言，而是一些法规和命令；虔诚和忠诚是一回事，不信神和不忠诚也是一回事。一个人只要背弃宗教，他就不算是一个公民，就被看成是国家的敌人。只要是为宗教而死的人，都会被看成是为国家而死。实际上这里是政教合一，法律和权利是完全不分的。因此，这个政府可以被称为神权政体，因为这里的公民除了神的启示外，不受任何东西的束缚。

　　以上所说，是从理论的角度看，而在实践上情况又不一样。实际上希伯来人是将统治权完全控制在自己手中，因为他们没有把自己的权利交给任何人，而是像在民主国家那样，把自己的权利同等地交了出来，并且说："无论神说什么，我们就做什么。"所有的人都同样地受契约的约束，都有同样的权利向神请示，接受和解释他的法规。在这个政府中，大家都有份儿，完全没有区别。刚开始时他们是一起走近神，为的是知道他的命令；然而听到神说话后，他们极度震撼，以为自己的末日到了。他们惊慌失措地去见摩西，并且说："看吧，我们听到神在火中说话，我们并不想死。这大火会把我们烧死。如果我们再次听到神的声音，就一定得死。因此，请你上前听神说话。然后你跟我们说话，只要是神告诉我们的，我们都愿意听，都愿意去做。"

　　这样一来，他们放弃了以前的契约，将自己请示神和解释其命令的权利转交给摩西，因为这样一来，他们就不再听从神告诉他们的一切，而只是听从神告诉摩西的一切（《申命记》第5章第10诫之后、第18章、第5章第15—16节）。因此，摩西成了唯一宣扬和解释神的法律的人，也就是最高裁判人，他本人是不会被任何人指责的，由他为希伯来人代行神的职责。换言之，他拥有最高的王权，只有他有权请示神，给人民以神的回答，并监督这一回答被付之于实现。我说"只有他"，是因为摩西在世时，如果有人以神的名义宣扬什么，即使他是一个真正的预言家，也会被看成是罪犯和篡夺王权者。由此可见，既然人们已经推举了摩西，就不可能再合法地推举出摩西的继承者。既然他们把自己请示神的权利交给了摩西，把他当成神的使者，就等于放弃了自己的全部权利；摩西宣布谁是他的继承者，他们就得承认这是神选出来的。如果摩西所选之人跟他一样有运作政府的唯一权利，有请示神的唯一权利，那么也就有立法和废除法律、讲和和宣战、委派大使和法官的唯一权利，实际上他在履行一个统治者的所有职责，这个国家就成了一个君主制国家。它跟其他君主国的唯一区别就是，其他国家的君主并不知道神的命令，而希伯来国王是唯一获得神启示的人。这一区别使得希伯来国王增强了自己的权威。在这两种情况下，人民都要听命于神，但并不知晓神的命令，而每个人都要依赖于国王，只有从国王那里才知道什么是合法、什么是非法。如果人民相信国王只是按照启示于他的神的意志而发布命令，这就会让他们更加听命于他。

——《神学政治论》

3.怎样理解自由的人

那些只被情感或意见支配的人，无论其是否愿意，根本就不知道自己在做什么；而那些由理性所指导的人，其行为不受他人支配，而是根据自己的意志，去做那些被认为是生活中最重要的事情，也就是追求他最希望的对象。因此，我把前者称为奴隶，而称后者为自由人。关于自由人的特性和生活方式下面我还要做一些解说。

自由人很少想到死，他的才智不是用在对死的玄想，而是用于对生的思考。自由人是完全按照理性的指导而生活的人，不被怕死的恐惧情感所支配，直接地追求善。他只是依据自身利益的原则去行事和生活，保持自己的存在，因此极少想到死，其才智都用在对于生的思考。

如果人生来就是自由的，他将不会形成善和恶的观念。我说过只有按照理性的指导而生活的人才是自由的。因此一个生来就自由并且能够保持其自由的人只会具有正确的观念，他不会有恶的观念，然而善和恶总是联系在一起的观念，因此他也不会有善的观念。但这一假设是不能成立的，除非只是针对人的本质而言，或者只是针对神而言；这里不是指神是无限的，而是指神是人生存的原因。摩西所说的原始人类的历史似乎表明了这一点。在这一历史中，除了神创造人类，没有考虑到神的其他力量。也就是说，摩西只考虑到那种最能照顾人类利益的力量。因此他告诫我们说，神禁止自由人去吃那善恶知识树上的果子。如果人吃了，他对死亡的恐惧会大大超过对生活的愿望。摩西还说，当男人找到一个跟他性情完全相当的妻子后，会发现世界上只有妻子是对他最为有利的；他还会逐渐相信动物跟他有相似的地方，并且去模仿它们的情感，从而失去自己的天赋自由。这一自由直到后来才被教会的长老恢复过来。这种自由的恢复是基督精神所致，也就是由神观念指导的结果；只有神的观念才可以让人自由，让人追求自己所希望的善，同时让他人也可以共同享有。

在避免危险和克服危险上，自由人都表现出同样了不起的品德。一种情感只有通过另一种相反的更强烈的情感才能被克服。而盲目的勇敢或恐惧可以看成是与强烈程度相当的情感，要克服它们所需要的意志力或品德应该是同样更为强大的。对于一个自由人来说，在适当的时机逃避危险跟参加战斗是同样需要强大的意志力。他是选择逃避还是战斗，都需要同样的机智勇敢。这里所说的危险是指成为痛苦、仇恨、争执等原因的东西。

如果一个自由人是生活在一群无知者之中，他应该尽可能地避免受其恩惠。每个人都依据自身情感来判断何者为善。因此一个无知者给予他人一点恩惠，就会依据自己的看法来评价它；如果他发现受恩惠者对其评价偏低，就会感到痛苦。而一个自由人尽力同他人结成友谊，却不会按照这个施惠者的评价作为标准来予以报答；他只会按照理性的自由判断来指导自己和别人的行为。一个自由人为了不让无知者产生怨恨，只是按照理性行事，应该尽量避免接受他们的恩惠。这里说的是"尽量避免"，也就是不须完全拒绝他们的恩惠。这是因为，他们虽然无知，也毕竟是人；他们对于有困难者予以帮助，属于人之常情，也是最有价值的帮助。因此，有时接受他们的帮助并按照其愿望给予酬谢，也是必要的。这里还须注意的是，当我们谢绝他人恩惠时，应该谨慎行事，切切不可流露出轻视他们的意思，也不应该让他们误以为我们是由于吝啬、害怕回报而拒绝之，否则就是为了避免招致怨恨反而造成怨恨。因此，在避免接受他人恩惠时，我们应该考虑到利益和礼貌这两个方面。

归根结底，只有在自由人中间才存在着最真诚的感恩，只有在自由人中间才是互相最为有益的，才有真正的友谊，才会以同样热烈的爱互相给予恩惠。因此才有最真诚的感恩。而那些被盲目欲望所支配的人互相表示的感恩大都类似于交易，或者是一种诱惑对方的手段，而不是真正的感恩。

我说过，如果一个事物只按照自己的本质而必然地存在和行动，它就是自由的；如果它被其他事物所支配，按照被限定的方式存在和行动，那就是被制约的。例如，尽管神是必然地存在，同时也是自由地存在，因为它是按照自己的本质而必然存在。神对于自身和所有事物的认识也是自由的，因为它也是按照自己的本质而必然去认识。我并没有把自由置于所谓的自由意志上，而是放在自由的必然性之上。

　　而被创造的事物则是被外因所决定,以某种被限定的方式存在和行动。例如一块石头被外力推动而运动,即使在外力停止作用后仍然会继续运动,但这种运动不是必然的,而是被强迫的,因为它是被外因所限定。其他任何个别事物都一样,必定是被一个外因所决定,以某种被限定的方式存在和行动。

　　我们再设想一下:这块石头在继续运动时可以思考,它知道自己在尽可能地继续运动;由于只是意识到自己的努力。因此它认为自己是完全自由的,它之所以继续运动,完全是因为它自己愿意这样做。所谓人的自由也是一样的。几乎所有的人都夸口自己有这样的自由,实际上他们不过是意识到自己的欲望,却对决定他们这样做的原因一无所知。因此,婴儿吃奶的时候相信自己是自由地要吃奶;小孩在发怒时相信自己是自由地要去报复人;胆怯的人逃跑时相信自己是自由地要逃跑;酗酒者在喝醉酒说胡话时相信自己是自由地说那些话的。那些疯子、饶舌者等都相信自己所作所为是自由思想的结果,而不是出于一时的冲动。这种成见在他们那里已经扎了根,很难消除掉。尽管经验告诉我们,人们是不会克制自己欲望的,当他们被各种互相矛盾的欲望所支配时,往往是有好的欲望却按照坏的欲望去干事,然而他们却相信自己是自由的,因为他们的思想实在是太肤浅了。

　　我想,以上的话已经足以说明我关于自由和必然问题的看法了。如果有人说,一个不受任何外因支配的人才是自由的,而他所说的被支配者是指违背自己的意志而做事的人,那么我承认在有些事情上我们是不被支配的,因为我们有自由意志。然而,如果他所说的被支配者是指那些并不违背自己的意志。却是按照必然性做事的人,那么我否认在任何事情上我们都是自由的。

——《伦理学》《给席勒的信》

4.人的思想自由

如果人的精神也跟他的舌头一样容易被人控制,那些君王就可以高枕无忧了,强迫性的政治也就不复存在了。因为这样一来,每个人都会按照统治者的意愿来生活,根据统治者的命令来判定事情的真假、好坏以及公平与否。然而我已经说过,人的精神是不可能完全由他人来处理安排的,因为没有任何人会把自己天生的自由思想的权利转让给他人,无论是自愿还是被强迫的。因此,想方设法去控制人的精神的政府是暴虐的政府;规定什么是真理、什么是谬误,或者规定人民应该信仰什么,这是对于统治权的滥用,是篡夺人民的权利。这些问题都是属于一个人的自然权利,这一自然权利即使本人自愿,也是不能割舍和转让的。我知道有些人对于事物的判断有时是十分偏颇的,尽管没有直接受外界操纵,说他们受到某个人的影响,或者被他所统治,也是恰如其分的;然而外部的影响再大,也不会让一个人完全丧失自我,理解力变成他人的了。摩西由于出众的品德获得人们的爱戴而被视为超人,他的话被当成神灵的启示,即使如此,也有人对他啧有烦言,对其某些说法不以为然。等而下之,其他的君王就不用说了。一个君王的权利无论有多大,无论人们怎样相信他就是法律和宗教的代表,这一权利却永远不能让人们失去自己的判断力。一个君王确实有权把跟自己意见相左的人视为敌人,但我们这里不是讨论他有无权利这样做,而是讨论他是否应该这样做。他有权进行残暴统治,为一点小事把人民处死,然而那些有着正确判断力的人是不会认可他的做法的。而且君王要这样做,对于他的统治权是有风险的。因为他的权利是由其拥有的力量所决定的,而这样的做法毫无疑问会削弱其力量。

　　由此看来,任何人都不可能放弃他做出判断和表示情感的自由,这是他不能割让的自然权利,他是自己思想的主人。因此,如果强迫那些思想不一致的人按照最高当局的命令说话,结果将是极其可悲的。即使那些饱经沧桑的人也做不到守口如瓶,更不用说那些年纪较轻的人了。人都有一个弱点,就是总希望把自己的想法告诉他人,尽管有时保持沉默是必要的。政府要剥夺人们说心里话的自由,这是非常残酷的事情;如果允许人们拥有这一自由,它就算得上是一个温和的政府。然而我们也得承认,人们的言论跟行动一样,可能对政府的权威造成损害,尽管言论自由是一定要给人民的,却不能没有限制。我们所要探究的是,这一限度应该是怎样的,才不至于危害国家的安定或统治者的权威。

　　我们知道,政府的最终目的不是通过恐怖来统治、通过压迫使人服从,而是使人免于畏惧,使其生活有保障。换言之,增强他们生存和工作的自然权利,而不损害其他的人。政治的目的并不是要把人由理性动物变为畜生或傀儡,而是保证他们的身心能够发展,在运用理性方面不受任何束缚。也就是说,政治的真正目的是自由。只有将立法权委托给全体人民,或人民的一部分,或一个人,才可能形成一个国家。尽管每一个人的自由判断都不尽相同,都以为唯有自己才明白事理,尽管人们的感觉和言论是不可能完全一致的,如果他们不放弃完全按照自己的判断行动的权利,这个社会就不可能处于安定状态。我们的正确做法是,放弃自己自由行动的权利,而不放弃自由思想和判断的权利。

　　一个人的想法和判断可以跟当局有分歧,他甚至可以有反对当局的言论,但只要他出于理性,而不是出于欺骗、泄愤、仇恨的目的,没有利用自己的权威试图改变什么,没有违反当局的行动,他的做法就不可能危害国家。例如,如果一个人认为某条法律不合理,应该修改,他把自己的意见呈送给当局审议,同时自己没有任何违反这条法律的行为,那么他就是一个好公民,对得起这个国家。如果他因此指责当局不公正，鼓动民众反对当局，或者在当局不同意的情况下试图通过动乱来废除这条法律，他就是一个破坏分子或叛国者。由此我们知道，一个人是可以按照自己相信的东西发表言论，或者以此教育他人，同时又不损害统治者的权威或公众的安宁，不干违反法律的事情，尽管他这时的行动往往跟自己确信的东西是不一致的。这样做既可以不破坏正义，又可以尽到一个公民的职责。正义是要靠当局的法律来实现的，凡是破坏当局法令的，就不能说是正义。而一个人最为重要的责任就是维护公众的安宁；如果每个人都想为所欲为，公众的安宁就无法得到维护。一个人违反国家的法律，他就是不尽自己的责任；如果人人都这样做，这个国家必定会灭亡。

一个人只要能够按照统治者的法律而行动，他就不会违背自己的理性。因为正是由于服从理性，他将自己控制行动的权利转交给了统治者。那么一个人什么样的意见是具有危险性的呢？这种性质的意见就是让转交自由行动的权利之契约无效。例如，一个人宣称最高权力不能对他有任何约束，或者宣称应该不遵守契约，或者宣称每个人可以为所欲为，或者宣称一些与此类似、跟契约精神相反的学说，这都是具有危险性的。这种危险不在于他的意见和判断本身，而是由此牵扯的行动。因为宣称这种学说的人撕毁了他跟统治者（或明或暗）订立的契约。还有一些意见没有涉及违反契约的行动，例如报复、泄愤之类的意见。因此不具有危险性。

不容否认的是，有些学说表面上只关乎抽象问题，而宣扬这种学说的人动机是不好的。在这里，理性仍然应该不受任何束缚。我认为存在着一条规则，那就是一个人对于国家的忠诚类似于对神的忠诚，我们只应该根据他的行动来加以判断，即他是否爱人。根据这一规则，一个最好的政府是允许人们思辨的自由，就像允许人们宗教的自由一样。我承认，这种自由有时可能带来一些弊端,然而有什么问题的解决能够那么完善、没有一点弊端呢?那些试图用法律来管控一切的人,造成的罪恶要多于消除的罪行。像奢侈、嫉妒、贪婪、酗酒等都是有危害的罪恶,然而人们对它们持容忍的态度,因为这些是不能用法律手段来禁止的。而思想自由本身并非罪恶,而是一种美德,不能禁止,那是不是更应该持宽容的态度呢?其实它的弊端由管理世俗事务的当局来予以消除,并非一件困难的事情,而且这种自由对于科学和艺术是完全必要的。如果一个人不能完全自由地判断事物,不受任何束缚,那么他在科学和艺术领域是不会有什么独创性的收获的。

即使自由是可以禁止的,统治者可以把人民压迫得唯命是从,还是做不到当局怎么想、人民也怎么想的程度。其结果必定是,人们心里这样想,嘴里却那样说,败坏了诚信,而诚信是政治主要的依靠。由此产生种种让人憎恶的阿谀奉承、背信弃义、玩弄诡计和违背公道。强迫人们言论一致是不可能做到的。统治者越是压制言论自由,人们就越是顽强地予以反抗。当然,起来反抗的不会是那些贪婪的人、阿谀的人以及那些没有头脑的人。那些人关注的只是填饱肚子、发财致富。反抗者是那些受过良好教育、品德高尚、崇尚自由的人。从人的本性来说,如果把他认为是正确的意见当成罪恶,把敬神爱人的思想当成罪恶,必定会产生愤怒之情,使得他有可能否定法律,图谋反对当局,鼓动民众叛乱,并以此为荣。既然人的本性如此,那种对人的意见进行制裁的法律只会影响到那些心胸宽广的人,对于坏人反而没有影响;它激怒的只是那些正直的人。因此保留这种法律对于国家危害甚大。而且这种法律一点用处也没有,那些认为法律禁止的意见是正确的人根本就不会遵守这种法律;而持相反观点的人则把这种法律当成一种特权,自以为是,以致于后来当局想要废止这个法律时就很难做到了。

这种法律是规定每个人要相信什么,禁止任何人说与此相反的话、写观点相反的文章,它满足了那些思想保守的人对于不同观点予以压制的要求。与其让这种无用的法律损害国家,还不如去遏制那些人压制不同观点的要求。只有那些道德高尚、爱好艺术的人才可能违反这种法律。那些正直的人由于表达了不同意见就被作为罪犯而流放,一个国家还有比这更不幸的事情吗?一个人没有犯罪,没有干坏事,只是由于思想开放而被当成敌人,被置于死地,被肆意侮辱,被斩首示众,世界上还有比这更坏的事情吗?自知是正直的人并不怕被当成罪犯处死,他无怨无悔,认为自己是为正义而死,为自由而死,这是无上的荣光。这样的人死去有什么意义呢?他们是为正义而死,那些思想懒惰和愚笨的人不会懂得这个的,那些思想保守的人仇视这些人,只有那些正直的人会敬重这些人的死。它留给一般人的教训是,要去讨好那些迫害者,否则自己也会成为被害者。如果一个政府不把人们的随声附和当成是信任,如果希望自己有稳固的权力,那就必须允许公民有判断自由。这样人们才能和睦相处,尽管他们的意见往往相左甚至矛盾。我认为这样的政治制度是最好的,最不容易被人诟病的,因为它最符合人类的本性。在民主政治中,每个人都服从统治者对其行动的控制,同时他的判断和理智则不被控制。由于人们的意见不可能一致,只有大多数人的意见才具有法律效力。如果境况使得意见发生变化,法律就应该做相应的修改。我们越是去限制人们自由判断的权利,在背离人类本性的路上就走得越远,政府也就变得越是暴虐。

　　为了证明这种自由不会造成统治权的麻烦,人们意见上的分歧不会造成行动上的越轨,我想举一个例子:这就是我们的阿姆斯特丹,它因为这种自由而繁荣昌盛。在这个最繁荣的国家、这个最美丽的城市,各个国家不同宗教的人和睦相处。在交货给一个市民时,你只需了解一下他的经济状况,再就是他是否诚实,其他的就不用问了。他的宗教信仰和所属宗教派别是无关紧要的,对于诉讼活动中的输赢毫无影响。无论你属于哪一教派,只要不伤害他人,欠债还钱,做人正直,就不会被人歧视,就会受到官方保护。

我已经说明:第一,不可能去剥夺一个人说心里话的自由;第二,每个人都可以拥有这种自由而不损害统治者的权威,只要他将此种自由限制在一定程度上,不反对现行法律;第三,每个人都可以拥有这种自由而不损害大众的安宁,也不会产生无法遏制的弊端;第四,每个人都可以拥有这种自由而不妨碍他效忠于国家;第五,法律是不可能用来对付思辨问题的;第六,给予人们这种自由不仅可以无损于公众的安宁、对国家的忠诚以及统治者的权利,还可以更好地维护这一切。

如果要取消这种自由,让法律来制裁公民的意见,其后果就是使得被害人变成一个殉道者,让人们对他充满同情并有报复之心,而不会感到恐惧。这样一来,就败坏了正直和道义,鼓励了那些阿谀奉承者和叛徒。如果某些人的宗教学说获得国家肯定,他们就自以为是神直接的选民,超越于国家的权威之上。他们认为自己的法律是神圣的,而国家的法律是属于人的法律,因此应该服从神的法律,也就是服从他们确立的法律。这种情况对于公众的福利毫无好处。因此,一个国家最为安全的做法是,确立一条规则:宗教的目的只在于实现爱和正义;统治者关于宗教事务的权利就像世俗事务的权利一样,只应该管理人们的行动;而每一个人都有随心所欲的思想并说出自己心里话的权利。

——《神学政治论》

5.意志是自由的吗

意志不是自由的,而是必然的。意志跟理性一样,是思想的一种形式。每一个意志只有被另一个原因所决定,才可能存在和活动,而后者又被下一个原因所决定,如此传递下去没有穷尽。如果意志是无限的,那么其存在和活动必定被神所决定,因为神具有表达思想永恒无限的本质属性。无论意志是有限还是无限,都由某种原因来决定其的存在和活动。因此意志不是自由的,而是必然的。

由此可知,首先,神并不按照意志的自由而活动。其次,意志和理性跟神的关系就像运动和静止以及所有自然事物跟神的关系一样,其存在和活动都在一定形式下被神所决定。意志跟其他事物一样,必须有一个原因在一定形式下来决定其存在和活动。尽管有无数事物源于意志或理性,我们却不能说神按照自由意志而活动。这就像许多事物源于运动和静止,我们却不能说神按照运动和静止的自由而活动一样。意志并不属于神的本质,就像其他自然事物不属于神的本质一样。我说过,所有事物的存在和活动都源于神的本质,都是被神所决定的。

在人的精神中没有绝对的或自由的意志,精神产生某个意愿是被一个原因所决定的,而这个原因又被另一原因所决定,如此传递下去没有穷尽。人的精神是思想的某种形式,因此精神不可能是自由活动,精神没有绝对的能力,想怎么样就怎么样,而必定被一个原因所决定才有某个意愿,而这一原因又被另一原因所决定,如此环环相扣传递下去。

有人说,我们可以保留自己的判断,不去肯定那已经认识的事物,这就说明我们意志的自由。例如,一个人想象出一匹长着翅膀的马,然而并不因此肯定这马的存在。我认为这不构成意志自由的理由。如果一个人真的看到一匹有翅膀的马,就不可能怀疑其存在,也没有任何力量拒绝承认它的存在。如果现在他不能肯定此点,那只能是由于这一点跟另外能够否定其存在的观念结合在一起,或者说,精神认识到有翅膀的马这一观念是错误的。因此,精神必然会否定或怀疑其存在。

还有人说,如果一个人的行动不是源于自由的意志,当他处于两难境地时,例如像布里丹的驴子那样,不做任何选择,他不就会饿死吗?不做任何选择的人只能算是驴子,而不是人。可见人的行动是有自由意志。我的回答是,如果一个人处在那种境况,并且假定食物和饮料离他都同样远,而他本人除了饥和渴之外没有其他感知,那么他确实会死于饥渴而不会做任何选择。我不知道这样的人算不算人,同样的,我也不知道那些上吊自杀的人算不算人,那些孩子、白痴、疯子等算不算人。

我所说的知识对于我们的生活有这样一些作用:

首先,这种知识告诉我们,我们的所有行为都是以神的意志为依托;我们越是知道神,我们的行为就越是完满,参与的神性也就越多。因此它不仅可以让我们的精神宁静,还可以告诉我们最大的幸福就在于知道神,只有神才可能让我们的所有行为都以仁慈和真诚为准则。由此可知,那些指望神对其道德、行善等给予酬劳的人实在是太不了解道德的价值了,他们不知道道德和对神忠诚本身就是最大的幸福和自由。

其次,这种知识还告诉我们怎样对待命运或超出我们力量范围的事情,也就是并非源于我们本质的事情。它让我们以淡泊之心面对命运中的幸运和不幸。这是因为我们知道所有事物都按照必然法则而源于神的永恒命令,就像三角之和等于两直角必然是源于三角形的本质一样。

再次,这种知识对我们的社会生活也很有帮助,因为它让人不要怨恨、轻视、嘲笑、迁怒和嫉妒他人,它还让人尽可能地满足自己,帮助他人,并且这样做的时候不是由于心怀偏见,而是由于理性的指导,根据实际情况而行。

最后,这种知识对公共政治生活也有帮助,因为它告诉我们按照什么方式来治理人民,使得他们不成为奴隶,而能自由地去做最善的事情。

要弄明白的是,那些认为有自由意志的人所说的意志到底是什么,它跟欲望有什么区别。欲望是精神倾向于的某个东西,认为它是好的。因此欲望在追求一个东西之前,首先得在我们的精神中做出一个决定:肯定这个东西是好的。这种肯定或否定的能力被称为意志。问题在于,这种肯定是源于我们的自由意志还是源于必然性,我们能否在不受任何外因的作用下对某个东西做出肯定或否定。我说过,一个不能由其自身来予以说明、其存在不属于其本质的事物必定有一个外因,而且一个产生某事物的原因是不可能不产生它的。意欲对某个特定的东西加以肯定或否定,必定是源于某个外因。有些人习惯于把自己的聪明劲儿用在理性的东西上,而不是用在自然中真实存在的个别事物,而且把这些理性的东西看成是真实的了。他们在这一时刻有这种意欲,在那一时刻有那种意欲,于是就在其精神中形成了一个意欲的普遍形式,被称为意志,就像他们把这个人的观念和那个人的观念合起来形成一个普遍的人的观念一样。他们不去区别理性的事物和真实的事物,就把理性的东西当成在自然中真实存在的东西,并且把自己当成这些东西的原因。例如,如果我们去问一个人,他为什么意欲这个东西或那个东西,他的回答必定是,他有一个意志。然而意志只是关于一些意欲的普遍观念,属于一种思想形式,不是真实的东西,它是不可能产生任何东西的,因为从无中只能够产生无。既然意志并不是一个存在于自然中的事物,而是一个虚构的东西,它就说不上什么自由不自由了。

　　既然并没有什么肯定或否定一个东西的自由意志,我们再来看一看,欲望可不可能是自由的。有人认为是,在他们看来,人的欲望可以自由地从一个东西转移到另一个东西上去。我认为这一倾向不是自由的。试举一例说明。一个婴儿刚刚能感知事物时,我们给他看一个小喇叭,同时在他耳边发出一个好听的声音,因此他对这个小喇叭有了欲望。然而这一欲望并非是源于他认识到这一东西的好坏,因为这是他唯一认识的东西,他只是感到快乐而已。他能够自由地消除对于这东西的欲望吗?如果能够,那也不是这一欲望本身所致,因为任何事物都不可能由于自己的本质去追求灭亡。那么到底是什么东西能够让这个婴儿消除这一欲望呢?那只能是由于他受到另一个东西的影响,这个东西比小喇叭更能让他开心。正像意志在一个人那里只是某个意欲一样,欲望在一个人那里也只是某种观念产生的一种欲望,而一般的欲望也并非一个真实存在于自然中的东西,而是对那些特定欲望的抽象,因此等于什么都不是,也就不可能是任何事物的原因。

　　人的意志是自由的,然而人的意志也是借助于神而得以存在的,除非是神永恒的决定人去希望或做什么,他就不可能去希望或做任何事情。然而这一点怎么能够跟人的自由协调一致,一般人是很难理解的。但是我们不能因为自己的无知而不去认清真理。只要考察一下我们的本质就可以知道,我们的行动是自由的,我们之所以去思考那些事物是因为我们希望这样做。而另一方面,只要考察一下神的本质,就会同样清楚地认识到,所有的事物都依赖于神,没有神的永恒决定,任何事物都不可能存在。我们并不知道,人的意志在每一瞬间是怎样既被神所创造,又能够保留自己的自由。有许多事物是我们所无法理解的,然而我们却知道它们是被神所规定的。我们往往用可能和偶然这两个观念来说明这种情况,只不过表明了我们对事物的存在还缺乏足够的知识。

　　——《伦理学》《神、人以及人的幸福》《笛卡尔哲学原理》

6.自由、幸福就是对神的爱

我们因借助于第三种知识（即直观知识）了解事物而快乐，这一快乐是以神的观念为原因，它与神的观念联系在一起。第三种知识可以让我们的精神获得最大限度的满足，可以产生最大的快乐，而这一快乐是跟精神自身的观念联系在一起的，也就是跟神的观念联系在一起，以神的观念为原因。

由第三种知识必定产生对神的理性的爱，这种爱并不是想象着神就在我们眼前，而是我们认识到神是永恒的。既然第三种知识是永恒的，那么由它产生的爱也必定是永恒的。尽管这种对神的爱没有开端，却具有爱的所有完满性，看起来好像是有开端的样子。

只有身体存在的时候，精神才会受到被动情感的控制。这是因为，想象是精神用来考察事物、把它当成就在眼前的一种观念。然而想象更多的是表示人身体当前的状况，而非外部事物的性质。因此，情感是表示人身体当前状况的一种想象；只有身体存在的时候，精神才会受到被动情感的控制。由此可以推论，除了理性的爱以外，没有其他的爱是永恒的。人们也意识到自己精神的永恒性，然而他们往往把永恒和连续混为一谈，把永恒性归结为想象或记忆，以为这些东西在其死后还可以存在。

神以无限的理性之爱来爱其自身。神是绝对无限的，神的本质是无限完满的，它以其自身的观念为原因，也就是我们所说的理性之爱。

人的精神对神的理性之爱，就是神用来爱其自身的爱，也就是体现在人的精神本质之中的神的永恒形式。或者说，精神对神的理性的爱是神用来爱其自身的无限之爱的一部分。这种精神的爱是主动的,是精神自我观察的活动,是伴随着神的观念并以它为原因的。这种精神的爱是神自我观察的主动的活动。因此这种精神的爱,是神用来爱其自身的无限之爱的一部分。由此可以推论,我们说神爱其自身,就等于说神爱人类。因此,神对人类的爱跟精神对神的理性之爱是一回事。

由此我们弄清楚了了,我们可以从哪里获得救赎、幸福和自由,那就是对于神的永恒的持久的爱,或者是神对于人类的爱。《圣经》将这种爱称之为"荣耀",这是有道理的。因为这种爱无论是源于神还是精神都会给我们一种精神上的满足,而精神上的满足就是"荣耀"。如果爱是源于神,它就是跟神自己的观念联系在一起的快乐;如果爱是源于精神,它也是跟神自己的观念联系在一起的快乐。既然精神的本质完全由知识所构成,而神又是知识的本源和基础,那么我们精神的本质和存在就都是源于神性,并且持续不断地依赖于神。

在自然中没有任何事物能够违反或消除这种理性之爱。这种理性之爱必定源于精神的本质,而精神通过神的本质而成为永恒的真理;如果有事物违反这种理性之爱,它就会违反真理,这样,只要是能够否定这种理性之爱的事物就能够把真理变成谬误。这显然是不通的说法。因此,在自然中没有任何事物能够违反或消除这种理性之爱。

我们的精神借助于第二、三种知识所认识的事物越多,它受到恶劣情感的伤害也就越少。精神的本质是由知识所构成的。因此精神借助于第二、三种知识所认识的事物越多,它长久存在的部分也就越大,也就是保持其完整不受伤害的部分越大,而受恶劣情感的伤害也就越少。由此我们可以知道,我们的精神具有的清晰知识越多,也就越能够爱神,死亡对我们的伤害也就越少。既然知识可以产生最大的精神满足,人的精神就有可能具有这样的本质:跟长久存在的部分相比,随着身体消亡而被消灭的部分就是微不足道的了。

有人说，如果对于神的爱不能导致永恒的生命，我们为什么不去追求别的东西？这话说得荒谬至极，就好像一条在水中的鱼说，如果在这水中不能够永生，我为什么不冲上岸去呢？那些不知道爱神的人就是这样的。要了解我们关于幸福的看法是否真实，只有一条原则：我们总是追求对自己有利的东西。在感受到追求感官快乐、肉体欲望等东西时，我们得到的不是幸福而是灾难，我们愿意让理性来指导；然而只有首先达到对神的认识和爱，理性才能发挥作用。神是对我们最为有利的东西，除了它没有什么能给我们幸福；我们真正的自由就在于永远被神的爱所约束。

神的本质是无限的，因此神具有无限的活动性以及对所有被动性的无限否定。事物跟神结合在一起的本质越多，它也就越具有活动性而减少被动性，从而不被改变和破坏。真正的理性是不可能消亡的。因为它是由神产生的，神是它的原因，只要这个原因继续存在，理性就不可能消亡。如果我们尽可能地跟神结合在一起，从而在精神上产生正确的观念，并让我们周围的人一起共享这一幸福，让他们的欲望和意志跟我们合而为一，人们就可以和平共处。

由上所说，我们可以理解什么是人的自由。人的自由就是我们的理性跟神直接结合而获得的一种真实的存在，这种存在不会被任何外因所破坏或改变。

——《伦理学》《神、人以及人的幸福》

7.幸福就是美德本身

只是在经历过一些经验和教训之后，我才体会到，日常生活中所看到的一切都是虚幻不定、毫无价值的；所有那些让我恐惧的东西,除了能触动了我的精神,其本身是不善也不恶的。因此,最后我下决心探求一个所有人都可共享的真正的善,它可以排除一切而单独地支配我们的精神。我要探求的是这样一个东西,一经获得后就可以让人永远享有持续不断的快乐。

我说"最后我下决心"这样做,是因为刚开始我还担心,放弃那些实实在在的东西而去追求捉摸不定的东西,是不是太不明智了。我知道荣誉和财产的好处,如果要一门心思地追求新东西,就得放弃这些好处。如果荣誉和财产就是人生真正的最大幸福,那我不是自动放弃了吗?转念一想,如果它们不是真正的幸福,我却不断地追求它们,那不是同样得不到真正的最大幸福吗?

因此,我反复思考,看看有无可能找到一种新的生活目的,然而却总是没有结果。人们通常认为是最大的幸福不外乎三种:财产、荣誉和肉体快乐。当人们沉迷于肉体快乐时,觉得自己已经获得了真正的幸福,就不会再去想别的东西。然而这种快乐一旦获得满足,痛苦就会随之而来。于是我们的精神即使没有完全丧失澄明,也会被蒙上一层阴影。如果把荣誉和财产当成追求的目标,也会让人们深陷其中而不能自拔。特别是对荣誉的追求,它往往被人们认为是最高的善,是行为的最终目的。人们在获得荣誉和财产后,不会像获得肉体快乐那样立即就与痛苦联系在一起;相反的,获得的荣誉和财产越多,随之产生的快乐也就越多,于是我们就越是想进一步增加它们。一旦我们希望的破灭,随之而来的是极大的痛苦。荣誉还有一个弊端,就是人们为了追求它,必须完全按照他人的想法去生活,追求大家通常去追求的避免大家都不希望有的东西。

既然已经看到这些东西是寻求新生活目标的障碍,且两者是对立的,我就得好好考虑一下哪一个对我更有好处。以前我认为自己是抛开确定的善而追求不确定之物,现在才知道,我放弃的是就本性来说是不确定的善,而追求的并非是不确定的善,它应该是持久的,只是我获得它的可能性不太确定而已。如果我下定决心,放弃诱人的财产、荣誉和肉体快乐,那么我放弃的只是真正的恶,而我获得的必定是真正的善,我感到自己就像一个重症病人,不得不全力以赴地去寻求救命良药,尽管这药方还不能完全确定。而人们通常追求的财产、荣誉和肉体快乐不但不能救人的命,反倒是对生命有害;只要是占有它们的人,没有不陷于绝境的。因拥有财产而招致横祸甚至丧生的人是很多的,为了追逐名声而蒙受巨大痛苦的人也不在少数,那些因为纵欲而加速死亡的人更是不计其数。由此可知,之所以会产生出那么多的恶,是由于快乐或痛苦都是源于欲望。如果这些东西不是人们贪恋的,就不会被人争夺;它们被毁灭,不会让人伤心;它们被占有,不会让人嫉妒、恐惧、怨恨。换言之,我们的精神不会烦恼。所有的精神烦恼都是源于这些虚幻不定的东西。

如果我们追求的是那永恒无限的东西,却可以让我们的精神总是处于快乐的状态,不被烦恼所困扰。不过前面我说了"如果我下定决心",这意思是,即使精神中已经明确呈现出自己要追求的东西,我还不能立即把所有的贪婪、情欲和虚荣心都消除干净。但是有一点我已经体会到了:当我在心中默默诉说上面所说的道理时,这些贪恋就开始消退,心中开始进一步探寻新生活的目标。这给了我很大的鼓舞,我发现自己的病并非无药可治。尽管刚开始时,这种贪恋消退、心境安宁的状态并非常有,但随着我对真正的善之体会日益加深,这种状态越来越经常和持久。特别是在我明确认识到,如果把财产、荣誉和肉体快乐当作目的而不是实现其他目的之手段,那就是绝对有害的时候,我的心境就格外宁静而无波澜。相反的,如果只把它们当成一种手段而不是目标,它们会受到一定程度的控制,那对我们就没有什么危害,反而有助于我们要实现的目标。

在我看来,善恶只具有相对的意义。同一个东西,一种观点认为是善,另一种观点却认为是恶;一种观点认为是完满,另一种观点则认为不完满。从本性上来,没有任何东西可以说是完满或不完满的。如果我们明白世界万物的变化都是遵循自然永恒的秩序和不变的法则,对此会更有深刻的体会。然而人们通常难以掌握这一法则,于是设想有一种比自己完满的人性,并把能够指导他达到这种完满的工具称为真正的善。如果一个人能够获得完满,那么跟他品德相同的人就能够跟他共享。这种品德就是人的精神跟整个自然协调一致的知识。

我要追求的目标就是具有这种品德,并且尽可能地让更多的人跟我一样具有它。我的快乐就是尽可能地帮助他人,使之具有同我一样的知识,其认识和意愿跟我完全一致。为此,我们应该深入认识自然,并且构建一个有利于人们获得这一品格的社会。另外,我们还要研究道德哲学和儿童教育学。由于健康也是达到此目标的重要手段,我们还得深入探究医学。又由于借助于技术可以让我们摆脱繁重的工作,节省时间和劳动力,机械科学也是我们应该予以重视的。然而我们首先要做的是改善我们的理解力,使自己能够正确无误地认识事物。因此我们所有的科学都指向一个最终目标,就是达到前面所说的人的完满。凡是有助于实现这一目标的就是有用的;否则就是毫无用处的。

我们在这样做的时候,还得继续生活下去。因此必须对日常生活的原则做出一些规定:首先,我们的语言必须让大家觉得可以理解。只要不妨碍达到我们目标的事情都可以去做;如果大家能够了解我们的意思,他们就可以乐于接受真理。其次,享受快乐必须有限度,这就是能够保持健康即可。最后,对于金钱和其他财物的获取也应该有一个限度,这就是能够维持生命和健康即可。对于社会上的风俗习惯,只要不跟我们的目标相冲突,我们都应该遵守。

大多数人都认为,只要让他们放纵自己的欲望,他们就是自由的;如果让他们按照神的法律去生活,他们就丧失了自己的权利。因此,他们把虔诚、宗教以及所有的美德都看成是沉重的负担,希望死后可以卸掉这个包袱,并且希望由于他们所受的约束,也就是由于他们的虔诚和信奉宗教而获得相应的报酬。他们软弱无能的精神之所以能够做到这一点,就是源于这种希望,再就是对于死后遭受惩罚的恐惧。如果没有这种希望和恐惧的勉力支撑,如果他们相信精神将与身体一同消亡,他们就会回到原始的肉欲生活,让所有的行为都受其欲望的支配,让自己随着命运漂流,而不听从自己精神的召唤。这种态度就像一个人不相信好的营养品能够滋补身体,而愿意用毒药来填饱肚子一样;或者就像一个人看到自己的精神不是永恒不灭的,而愿意过一种不去思想、没有理性的生活一样。

实际上,幸福不是美德的报酬,而是美德本身;并不是由于我们克制欲望才享有幸福,而是相反,由于我们享有幸福才能够克制欲望。幸福源于对神的热爱,而对神的热爱源于第三种知识,它必定是来自主动的精神。因此幸福就是美德本身。此外,精神越是能够享有这种神圣的爱或幸福,它就越是能够借助于第三种知识来理解事物。正是由于精神享有这种对神的热爱或幸福,它才具有克制情欲的力量。

一个明智的人是强有力的,他远远超出一个仅仅被欲望所支配的愚笨的人。这是因为,一个愚笨的人往往只是被外因所激发,从未享受过真正精神上的满足;他生活着,却并不明白自己,不明白神,也不明白事物。一旦他停止自己被动的生活,他也就停止存在了。相反的,一个明智的人,其精神是不被激发的,而是按照某种永恒的必然性明白自己,明白神,也明白事物。他决不会停止自己的存在,永远享有真正精神上的满足。这样的道路看起来是十分艰难的,但这是唯一可以走得通的道路。

　　　　　　　　　　　　　　——《知性改进论》《伦理学》

三、我看人的精神和身体

1.精神和身体互不决定

我们的精神有时是主动的,有时被动。如果它具有正确的观念,就必定主动;如果具有不正确的观念,就必定被动。在每个人的精神中有些观念是正确的,有些观念是错误、含糊的。只要在人的精神中是正确的观念,在神那里也是正确的,因为是神造成这个精神的本质;然而在人的精神中是不正确的观念,在神那里仍然是正确的,因为在神那里不仅包含这个精神的本质,也包含了其他事物的观念。从任何一个观念那里都必定有某种结果产生,而神就是这个结果的正确原因,这并不是因为神是无限的,而是因为神是造就该观念的东西。既然神是这个结果的原因,而精神是结果之正确的原因。因此,我们的精神只要具有正确的观念,就必定是主动的。此外,只要是源于神的正确观念产生的东西,由于在神那里不仅包含一个人的精神,还包含着其他的事物的观念,那么这个人的精神就不是这些事物正确的原因。只要精神具有不正确的观念,就必定是被动的。由此可知,精神具有不正确的观念越多,它就越是受欲望的支配;反之,心灵具有正确的观念愈多,则它便愈能自主。

身体不能决定精神,让其思想;而精神也不能决定身体,让它活动或静止，更不能让它成为其他东西。一切思想的形式都是以神为原因的，神是一个能思想的东西，而不是因为神表现为其他属性。只要是能够决定精神而让其思想的，必定是一种思想的形式，而不是广延的形式，并不是身体。而身体的运动和静止必定是源于另一个物体，而这一物体的运动和静止又被第三个物体所决定。这样下去，一般来说，任何发生于身体上的事情都必定起源于神，这是就神乃造成某种广延形式的东西而言，并非指它也是造成某种思想形式的东西。也就是说，只要是发生在身体上的事情，必定不可能起源于精神，而精神乃是一种思想形式。

实际上，精神和身体是同一个东西，不过有时借助于思想属性、有时借助于广延属性去理解而已。无论我们借助于哪个属性去认识自然，事物的次序和联系都是一样的。从性质的角度看，我们身体主动或被动的次序跟精神的主动或被动的次序是同时发生的。然而人们通常认为，身体的运动或静止可以完全按照精神的命令为转移；身体的许多活动只是依赖于精神的意志和思想的力量。实际上身体究竟能够做些什么，此前还从来没人探究过；也就是说，还从来没人根据经验告诉我们，身体只是按照自然规律，作为有广延的东西，不被精神所决定能做或不能做什么事情；还没有人能够确切了解我们身体的结构，从而说明身体的所有功能。例如，我们从那些缺乏理性的动物身上可以看到许多大大超出人类智力的东西，一些梦游者在睡梦中可以干出许多他们清醒时不敢做的事情。这都表明身体仅仅按照自身规律就可以干出许多事情，而精神却对它们感到惊讶不已。而且任何人都说不出精神采用什么方法可以让身体运动，或者精神可以传达多大程度的运动给身体，或者精神能够让身体运动的速度变得怎样。如果有人说身体的某一行动是源于精神对肉体的支配，那么他们实际上并不明白自己在说什么，除了表明自己对这一行为的原因一无所知外，没有其他意义。

　　然而他们会说，无论他们知不知道精神用什么方法让身体运动，根据其经验，如果精神不能思想，那么身体就不能运动；只有精神才有说话、沉默或干其他事情的力量。因此所有的行为都服从精神的命令。我的反驳是，难道经验没有告诉我们相反的情况，即身体静止时，精神也就不能思想？只要身体处于沉睡之中，精神也随着陷入沉寂状态，无法像清醒那样思想。所有的人凭借经验就知道，精神并不总是同样地思想同一个对象，而是按照身体感受外部事物所激发的意象相应地考察这个或那个对象。他们还会说，只是从自然规律、从自然是有广延的事物出发，绝不可能推出建筑、图画这类事物的原因，因为它们纯粹是人为的艺术，而人的身体除了被精神所指导，不可能建成任何寺庙。其实我已经说过，这些人并不知道身体能做什么，也不知道仅仅通过考察身体的性质就可以推出些什么；他们依据经验以为只有被精神所指导才会发生的事情，实际上只是按照自然规律而发生的。例如梦游者对在睡眠期间做的事情，他醒来时也会惊讶不已。从艺术性的角度看，人的身体结构要大大超过人类技巧所能创造的任何事物；更不用说世界上无穷多的事物。无论我们从哪一种属性去看，归根结底都是源于自然。

　　如果人确实具有他们说的自主能力，想说话就说话，想沉默就沉默，那么世上的一切就简单顺利得多了。然而有充分的经验告诉我们，人类最没有能力控制的就是自己这张嘴；最不能做到的就是控制自己的欲望。本来我们相信自己所做的一切都是自由的，然而当我们看到太多做了以后又追悔莫及的事情，看到太多明知非善却因自相矛盾的欲望而做的恶事，便开始怀疑这一点。不然的话，那投向母亲怀抱的婴儿也相信这是源于自由意志，那愤愤不平想要报仇的小孩也相信自己是出于自由意志，那胆怯的人也相信自己是出于自由意志而开小差，那酗酒的人也相信自己说的那些醉话是出于精神的自由命令。由此看来，精神病人、夸夸其谈者、儿童以及类似的人都相信自己的所说所为是出于精神的自由命令，而实际上他们不过是无力控制自己说话和行事的冲动而已。

　　跟理性一样，经验也告诉我们，人们之所以认为自己是自由的，是因为他们只是意识到自己的行为，而并不知道决定其行为的原因。经验还告诉我们，所谓精神的命令并非别的东西，不过是人的欲望本身，而欲望随着身体状况的不同而不同。每个人所做的事都是源于其情感。只要是被两种相反情感所激发的人。都不知道自己到底需要什么；而只要是不被任何情感激发的人，遇到一点小事情就会拿不定主意、左右为难。这些都说明，从性质上看，精神的命令、欲望和身体的决定是同时发生的，或者说是同一个东西：当我们用思想的属性去观察和说明时，就称它为精神的命令；当我们用广延的属性去观察，并且从运动和静止的规律去探究时，就称它为身体的决定。这里必须注意的是，如果对某个事物没有记忆，我们就不可能借助于精神的命令去做任何事。例如，如果记不住一句话，我们就说不出这句话，而能否记忆某个事物却不在精神的力量之内。有人认为精神的力量只限于记忆的范围，只有对于能够记忆的东西，我们才可能借助于精神的命令说出它来。当梦见自己说话时，我们相信自己说话是源于精神的自由命令，而实际上我们并没有说话，或者即使在梦中说话，也是身体不依赖于意志而运动的结果。又如，我们在清醒的时候，会有意向他人隐瞒一些自己所知道的事情，并认为这是由于精神的命令；而在做梦时，我们又做了一些在清醒时不敢做的事情，也认为这是由于精神的命令。这样一来，我们就有了两道决然相反的精神命令。这显然是说不通的。于是我们不得不承认，我们自以为是自由的精神命令，不过是我们的想象或记忆，它除了是作为观念的观念之肯定以外，不会是别的什么。因此，精神的命令跟现存事物的观念之发生具有同样的必然性。那些相信自己说话、沉默或干其他事情都是源于精神的自由命令的人就等于是在做白日梦。

　　人的精神只能认识一个实际存在的身体之观念所包含或能够推出的东西。这是因为，每一事物的能力只能由其本质来决定，而精神的本质就是一个实际存在的身体之观念。因此精神的理解力只限于这一身体之观念所包含或推出的东西。然而这一观念只包含广延和思想，并不包含和表现神的其他任何属性。神是这一观念的原因，这一身体的观念包含了神的知识，这是就神通过广延属性了解而言；这一观念之观念也包含有神的知识，这是就神通过思想属性了解而言，而不是就神通过其他属性了解而言。因此，人的精神或人的身体之观念除了这两个属性之外，既不包含也不表现神的其他任何属性。从这两个属性或其分支不能推出或设想神的其他任何属性。

——《伦理学》《给席勒的信》

2.精神和身体的互相作用（一）

　　人是由精神和身体所组成，而人身体的存在就像我们感觉的那样。我们不仅认识到精神与身体的结合，而且知道怎样正确理解两者的统一。然而在对身体的本质没有正确了解以前，我们不可能正确或清晰地理解这一点。

　　人的精神有认识许多事物的能力，其身体能够适应的事物越多，这种认识能力就越强。人的身体在许多情况下被外部事物所激发，同时又支配外部事物。然而人的精神必定能够察觉人身体中的所有变化。

　　人的身体被外部事物所激发的任何情况之观念必定既包含人身体的性质，也包含外部事物的性质。任何事物被激发而成的情况既源于被激发事物的性质，也源于激发事物的性质，这些情况的观念必定包含激发和被激发两种事物的性质。首先,人的精神能够感知许多事物及其身体的性质。其次,我们对于外部事物的所有观念更多的是表明我们身体的状况而不是外部事物的性质。

　　如果人的身体被激发而出现某种情况,该情况包含外部事物的性质,那么人的精神会以为这一外部事物就在眼前,直到人的身体被激发而出现另一种情况将其排除为止。由此可知,我们为什么会把不在眼前的事物当成就在眼前。例如,彼得关于自己的观念跟他人如保罗心中关于彼得的观念有何区别呢?前者直接表明彼得本人身体的本质,即只有当彼得存在时,它才包含存在;相反,后者表明的是保罗身体的状况,而不是彼得的本质。因此只要保罗继续保持这一身体状况,他的精神就能够认识彼得,认为对方就在眼前。在通常情况下,只要是人的身体状况,如果其观念提供给我们就像在眼前一样,那么我们就称为事物的形象,尽管它并没有真正再现该事物的形式。人的精神以这种方式认识物体,被称为想象。值得注意的是,精神的想象自身并不包含错误,而精神也并不是由于想象而犯下错误。如果精神想象不存在的事物就在眼前,同时又能够知道这事物并不现实地存在,那么精神反而会认为想象力是其本质中的美德,而不是缺点,特别是在这一想象力仅凭自己的性质,也就是精神的想象力是自由的时候。

　　如果人的身体曾同时被两个以上的事物所激发,那么人的精神后来想象其中一个时,也会回忆起其他事物。人的精神想象一个事物,是由于人的身体被一个外部事物所激发,其被激发的情况跟它某一部分感受外部事物的刺激是相应的。然而这里所说的情况是, 身体被激发到使得精神同时想象两个以上的事物的程度。因此人的精神想象其中一个时,会同时回忆起其他事物。由此我们可以知道什么是记忆。记忆不过是一种观念的联系,这些观念包含人身体以外事物的性质;这种在人的精神中的观念之联系跟人的身体状况中之联系相对应。首先,我说记忆只是包含人身体以外的事物性质之观念的联系,并不是解释外部事物性质之观念的联系。实际上只有人身体内状况的观念,这些观念包含了人体的性质以及外部事物的性质。其次,我说这种观念联系之发生是按照人身体内情况的联系,这样就区别了按照理性的次序而产生的观念之联系。而理性是人人都一样,按照理性的次序能够让人的精神通过事物的第一原因来认识事物。因此,我们就可以知道为什么人的精神能够由对一个事物的思想忽然转移到对另一个事物的思想,尽管这两个事物之间并没有相同之处。

例如,一个人听到"苹果"两字就会立即转入对"苹果"的思想,而真实的"苹果"跟"苹果"这两个字之间并没有任何相同之处,只不过他的身体常常被"苹果"这种东西和"苹果"这两个字的声音所触动。也就是说,他在看到真实的"苹果"时常常听到"苹果"这两个字的声音。同样的,每一个人都可以按照自己对身体内事物形象的排列习惯,由一个思想转到另一个思想。例如,一个军人看到沙土上有马蹄的痕迹,他立即由对马的思想转入对骑兵的思想,再进一步转入对战斗的思想。相反的,一个农民在这种情况下由对马的思想转入对自己的犁具、土地的思想。因此,每个人都按照自己的习惯来连接心中事物的形象,由一个思想转入另一个思想。

人的精神只有通过其身体因感触而产生的情况之观念才能感知其身体的存在。人的精神就是人身体的观念,而这种观念在神之中,这是就神被看作个体事物另一观念的部分而言。或者说得更确切些,由于人的身体需要许多其他物体来不断维持其生存,而观念的次序和联系跟因果的次序和联系相同。因此人的身体的观念是在神之中,而这是就神被看作许多个别事物观念的部分而言,而不是就神构成人的精神本质而言:人的精神是不能直接知道其身体的。然而人的身体状况之观念,就神构成人的精神本质而言,是在神之中;人的精神能够感知这些情况。因此,人的精神只有通过其身体因感触而产生的情况之观念才能感知其身体的存在。

　　精神的观念跟精神相结合就像精神跟身体相结合一样。精神跟身体相结合是由于身体是精神的对象，同样的，精神的观念也必定跟其对象即精神相结合。实际上身体的观念和身体，也就是精神和身体是同一个东西，只是我们有时从思想这一属性、有时从广延这一属性去认识而已。精神的观念和精神也是同一个东西，不过是由思想这同一个属性去认识而已。精神的观念跟精神自身以同一种必然性和力量存在于神之中。实际上精神的观念即观念的观念就是观念的形式，这就像一个人知道某件事，因此知道自己知道这件事，而且知道自己知道这件事，如此传递下去没有穷尽。

　　人的精神不仅感知其身体的情况，而且感知这些情况的观念。这是因为，这些情况的观念之观念是源于神并跟神相联系的。然而人身体的情况之观念是在人的精神之中，也就是说在神之中，这是就神是构成人的精神本质而言。这些观念的观念必定在神之中，这是就神具有人的精神的观念而言。也就是说，它们必定在人的精神之中，人的精神不仅感知其身体的情况，而且感知这些情况的观念。

　　只有在身体存在时，精神才能想象和回忆事物。只有在身体存在时，精神才能表示其身体的实际存在并认识身体的感触。因此精神只有在其身体存在时，才能认识它，把它当作真实存在。因此只有在身体存在时，精神才能想象和回忆事物。

　　人的精神不会完全随着身体的消灭而消灭，其某种永恒的东西仍然存在。在神之中必定有一个观念表明人身体的本质，而这一观念必定是某种属于人类精神本质的东西。然而只有在精神表明身体的实际存在时，精神才可能有被时间限制的延续。这是因为身体是可以用延续来表明，并且受时间的限制的。既然在精神中有某种东西只有通过神的本质按照某种永恒的必然性才能被认识,那么这种属于精神本质的东西必定是永恒的。这种在永恒的形式下表明身体本质的观念就是思想的一种形式,属于精神的本质,必定是永恒的。然而要想回忆起我们在有身体之前的存在却不可能。因为在身体中没有该存在的痕迹,而永恒不可能用时间来界定,或者说永恒跟时间没有任何关系。但我们却认为自己是永恒的。精神不仅可以借助于回忆来认识事物,还可以借助于观念来认识事物,而推论就是精神的眼睛,由此精神可以看到和观察事物。因此尽管我们不能靠记忆来证实自己的精神先于身体而存在,然而我们却能感知,只要我们的精神在永恒的形式下包含身体的本质,它就是永恒的,而这种永恒的存在既不能被时间所限制,也不能用延续去说明。只有在我们的精神包含身体的实际存在时,才有延续,才可以用确定的时间来加以限制,它才有可能用时间和延续来把握事物的存在。

精神在永恒的形式下理解事物,并不是由于它把握了身体的现实存在,而是由于它在永恒的形式下把握了身体的本质。只有在精神认识其身体的现实存在时,它才可能认识那可以由时间来决定的延续,才具有按照时间关系来认识事物的能力。然而永恒是不可能用延续来说明的。在这种意义上,精神不可能在永恒的形式下去认识事物。精神只是由于理性的性质才可能以永恒的形式认识事物,而在永恒的形式下认识身体的本质也属于精神的这种性质。事物被我们认为是真实的只有两种方式:要么是就事物存在于一定时间和地点的关系中去加以认识;要么是就事物被包含在神之中,从神的必然性去加以认识。事物通过后一种方式被认为是真实的,是由于我们在永恒的形式下去认识它们,而其观念都包含在永恒无穷的神的本质之中。

——《伦理学》

3.精神和身体的相互作用（二）

精神的主动只是由于正确的观念,而精神的被动只是由于不正确的观念。最初造成精神本质的东西只是一个现实存在的身体的观念。这个观念又由许多其他观念组成,而这些观念有的正确,有的不正确。任何事物只要是以精神为最切近的原因,源于精神的性质,必须借助精神才能理解的,那么它要么是出于一个正确的观念,要么是出于一个不正确的观念。然而只要精神具有不正确的观念,它就必定是被动的。因此精神的主动只能是出于正确的观念,而只有当它具有不正确的观念时,才是被动的。

精神要么具有清晰的观念,要么具有模糊的观念,都尽可能地在不确定的时间里保持自身存在,并意识到自己这种努力。精神的本质由正确观念和不正确观念所组成,无论具有哪一种观念都会尽可能地在不确定的时间里保持其存在;既然精神通过身体感触的观念必定会意识到自身,它也会意识到自己这种努力。这种努力,在单独跟精神相联系时被称为意志;在同时跟精神和身体相联系时被称为冲动。因此,冲动就是人的本质自身,从人的本质自身必定会产生能够保持自己的东西,因而他就被决定去做那些事。冲动和欲望之间只有一个区别:欲望通常指人对自己的冲动有了自觉,也可以说是我们意识到的冲动。由此可知,某个事物并不是由于我们认为它是好的才去寻找它、追求它、希望得到它;恰恰相反,由于我们寻找它、追求它、希望得到它,我们才认定它是好的。

我们的精神中不可能有排斥自己身体存在的观念,因为这样的观念是违反精神本质的。我们身体里不可能有任何消灭自己身体的东西;而神具有身体的观念,因此这种东西的观念也不可能在神内存在,也就是说,我们的精神中不可能有这种东西的观念。

反过来说,既然构成精神本质的最初成分就是一个现存身体的观念,我们的精神首先竭力要做的就是肯定自己身体的存在。因此否定我们身体存在的观念是违反精神本质的。

如果一个事物的增减会增强或减弱我们身体的活动能力,那么其观念的增减也会增强或减弱我们精神的思想能力。这样一来,精神可以感受到很大变化,有时可以过渡到较大的完满,有时可以过渡到较小的完满。这可以说明快乐和痛苦的情感:快乐就是精神过渡到较大完满的情感,痛苦就是精神过渡到较小完满的情感。如果快乐的情感同时跟身体和精神都有联系,被称为欢欣或高兴;如果痛苦的情感同时跟身体和精神都有联系,被称为忧伤或烦恼。这里应该注意,当我们感到欢欣和忧伤时,只有身体和精神的某一部分受到特别的激发;当我们感到高兴或烦恼时,身体和精神每个部分都同样受到激发。除了痛苦、快乐、欲望这三种情感,我不认为还有别的什么基本情感,其他情感都是由这三种情感变化而来的。

我说过,只要身体存在,构成精神本质的观念必定包含身体的观念;我们精神当下的存在完全有赖于它必定包含身体的现实存在;精神想象和记忆事物的能力也完全有赖于精神必定包含身体的存在。由此可知,只要精神停止肯定身体的当下存在,那么精神的当下存在和精神的想象能力也就立刻消除了。然而精神停止肯定身体存在的原因不可能是精神自身,也不会是由于身体自己停止存在。精神肯定身体存在的原因并不是身体开始存在,那么同样的,精神也不会由于身体停止存在而停止肯定身体的存在。这是由于有另外一个观念排斥我们身体的当下存在,从而排斥我们的精神存在。于是这一观念就跟构成我们精神本质的观念相对立了。

精神总是尽可能地想象能够增强身体活动能力的东西。只要人的身体处在包含外部事物的情况下,那么人的精神会把这个外部事物当作就在眼前的东西。因此只要人的精神把任何外部事物当作就在眼前的东西，只要它想象外部事物，那么人的身体也会处在包含外部事物的情况下。因此，只要精神想象能够增强我们身体活动能力的东西，那么我们的身体就会处在一种能够增强这种能力的情况下，精神的思想力量也会随着增强。精神总是尽可能地想象这种东西。

当精神想象能够减弱身体活动能力的东西时，它会尽可能地回忆那能够排除该事物存在的东西。只要人的精神想象到这种东西，身体和精神的能力都会受到减弱，但同时精神仍然继续想象这种东西，直到它想象出能够排除其当下存在的其他东西为止。因此精神会尽可能地去想象或回忆能够排除该事物存在的东西。由此可以推论，精神总是不愿意想象能够减弱其自身和身体能力的东西。这样我们就可以明白，爱就是被一个外因的观念联系在一起的快乐；恨就是被一个外因的观念联系在一起的痛苦。一个人爱一个东西，必定会尽可能地让那个东西在他眼前并保持它的存在；相反的，一个人恨一个东西，必定会尽可能地排斥那个东西并消除它。

如果一个人的身体能够适应多数的事物，那么他的精神必定都是永恒的。如果一个人的身体能够适应多数的事物，他就很少被恶劣的情感所激发，很少被违反人的本性的情感所激发。因此他能够按照理性的秩序来安排和联系身体的感触，从而能够让身体的所有感触都跟神的观念联系在一起，由此他会感到一种对神的热爱。这种对神的热爱必定构成精神的大部分。因此他的精神必定大都是永恒的。人的身体既然能够适应多数事物，那么它必定是跟精神联系在一起的，而这种精神具有对它和神的最高知识，其最大部分是永恒的。因此它不会畏惧死亡。我们生活在不断的变化之中。如果向善变化，我们就是快乐的；如果向恶变化，我们就是痛苦的。一个人由婴儿最后变化过渡到死亡，这就是痛苦。

相反的，如果我们在这一生中把健全精神寓于健康的身体之中，那就是快乐的。一个婴儿的身体只能适应很少的事物，他的行动几乎完全被外因所决定，而他的精神几乎完全不知道自身，也不知道神，也不知道事物。相反的，如果一个人具有能够适应许多事物的身体，那么他的精神就能够知道自身，能够知道神，也能够知道事物。因此，在这一生之中，我们首先要尽可能地把婴儿似的身体改变成一个能够适应多数事物的身体，从而让跟这身体联系在一起的精神也尽可能知道自身，知道神，也知道事物。这样一来，所有跟记忆或想象联系在一起的事物，与精神的理智相比较，就都是无足轻重的了。

——《伦理学》

4.精神与观念

　　所有跟神相联系的观念都是正确观念，所有在神之内的观念都是跟其对象完全符合的。因此它们都是正确的观念。一个肯定的事物是不可能让观念成为错误的。在我们的精神中，每一个绝对完满的观念都是正确的观念。所谓我们精神中的完满观念就等于说一个完满的观念存在于神之中，这是就神构成人的精神本质而言。因此也就等于说这是一个正确的观念。

　　错误是由于知识有缺陷，而不正确、片断和含糊的观念必定包含知识的缺陷。观念中并没有肯定的成分能够构成错误的形式，而错误这种知识缺陷并不是绝对的。因为我们只能说精神犯错误或产生幻觉，而不能说身体犯错误或产生幻觉。因此错误这一知识缺陷是对事物的不正确的知识，或者是不正确和含糊的观念所包含的。例如，一个人被欺骗是由于他自以为是自由的，而他之所以这样想，是由于他意识到自己的行为，却不明白决定这些行为的原因。这种自以为自由的观念就是他不知道自己行为的原因。同样的,我们看太阳时,想象它距离我们只有几百米。这一错误的原因并不完全是想象,而是源于我们在想象时并不知道它的真正距离,也不知道想象的原因是什么。尽管后来我们知道太阳与我们的距离大约是地球直径的六百倍以上,我们仍然想象太阳离我们很近,而这并非由于我们不知道它的真正距离,而是由于我们的身体被太阳所影响而形成的观念。

无论是不正确或含糊的观念,还是正确或清晰的观念,都源于同样的必然性。所有的观念都在神之中,并且就其跟神的联系而言,它们都是正确的观念。只是在它们跟某个人的精神相联系时,才会有不正确或含糊的观念产生。无论是不正确或含糊的观念,还是正确或清晰的观念,都源于同样的必然性。

某些事物能够同样地激发人的身体和外部物体,并且同样存在于部分和全体之中,人的精神对它们具有正确的观念。由此可知,人的身体具有跟其他物体共同的东西越多,人的精神能够认识的事物也就越多。

只要是由精神中正确的观念推导出来的观念必定也是正确的观念。我们所说由人的精神中正确的观念推导出来的观念就是指在神的理智中有一个观念存在,它以神为原因,这是就神构成人的精神本质而言。

一个具有正确观念的人, 必定同时知道自己具有正确的观念,决不会怀疑它是真理。在我们精神中的正确观念就是在神之中的正确观念,这是就人的精神本质乃神的表现而言。只要是具有正确观念的人都知道,正确观念包含着最高的确定性。这是因为,具有正确观念就是最完满、最确定地认识一个对象。

人的精神只有借助于其身体情况的观念才能感知外部事物,把它当成现实存在。如果人的身体在任何情况下都不受外部事物影响,那么人的身体之观念也就是人的精神就不会被该事物存在的观念所激发,也不会感知该事物的存在。然而只要人的身体在任何情况下被外部事物所激发,人的精神就能够感知该事物。

只要人的精神想象一个外部事物,它就不会对该事物有正确的知识。当人的精神借助于其身体的情况来考察外部事物时,它就是在想象该事物;此外人的精神就不能以其他方式下想象该事物是现实存在。因此只要人的精神想象一个外部事物,它就不会对该事物有正确的知识。

任何一个关于人的身体情况的观念都不包含对人的身体的正确知识。每一个关于人的身体情况的观念都包含人的身体的性质,这是就人的身体在某种情况下被激发而言。然而人的身体是某个人在许多情况下受到激发。因此某一观念不可能包含对人的身体的正确知识。

关于人的身体情况的观念,如果只跟人的精神相联系,它就不是清晰的而是模糊的。这是因为,关于人的身体情况的观念包含外部事物和身体自身的性质,而且还包含人身体各部分的性质。因为这种情况是人身体各部分或人的整个身体被激发而形成的状态。然而对于外部事物和人身体各部分的正确知识是在于神之中,这里是就神作为其他观念的部分而言。因此关于人的身体情况的观念,如果只跟人的精神相联系,就像是没有前提的结论一样,它就不是清晰的而是模糊的。

当人的精神在自然的共同秩序下认识事物时,它对于自己、自己的身体以及外部事物都没有正确的知识,而只有片断模糊的知识。人的精神除了感知身体情况的观念外,不能认识其自身;它除了借助于其身体情况的观念外不能认识自己的身体;而且它除了借助于身体情况的观念外,也不能认识外部事物。因此,只要人的精神具有这种身体情况的观念,它对于自己、自己的身体以及外部事物都没有正确的知识,而只有片断模糊的知识。相反的,如果人的精神由内在本质所决定而同时观察许多事物并洞悉其种种异同,它就能够清晰地认识事物。

关于身体的延续,我们只有不正确的知识。我们身体的延续并不依赖其本质,也不依赖神的绝对本性;它的存在和作用被某些原因所决定,而这些原因的存在和起作用又被其他原因在一定方式下所决定,如此传递下去,没有穷尽。因此我们身体的延续要依靠自然的共同秩序和事物的客观结构,而这些正确的知识存在于神之中,这是就具有所有事物的观念而言,并不是就神仅具有人身体的观念而言。因此,仅仅把神看成是构成人的精神本质,于是认为关于我们身体延续的知识就在神之中,那是不正确的。

关于我们之外的个别事物的延续,我们只有不正确的知识。这是因为,每一个别事物跟人的身体一样,必定按照一定的方式被另一个别事物所决定而存在和起作用,然而后者又被另一个别事物所决定。如此传递下去,没有穷尽。由上面所说可知,由于个别事物的这种特性,我们对于自己的身体只有不正确的知识。因此关于其他个别事物的延续,我们也可以得出同样的结论,也就是说,我们对它只有不正确的知识。由此可知,所有个别事物都是偶然的,会消亡。因为我们对于个别事物的延续并没有正确知识,而所谓的偶然性和可消亡性就是指的这个意思。

错误不具有肯定性,否则它就是源于神,并被神所创造,而这显然是荒谬的。只要精神能够清晰地知觉事物,它就不会犯错误;如果精神只是想象某个事物,但并不承认该事物,它也不会犯错误。例如,我想象一匹长有翅膀的马,但我并不承认这匹马可能存在,而且还怀疑其存在,那么这一想象并不包含任何错误。这是因为,"承认"只是意志的一种规定,而是否犯错误仅仅在于我们是怎样运用意志的。如果我们承认模糊想象的事物,就减弱了我们的精神辨别真理和错误的能力,丧失了自由;错误的所有不完满性都在于缺乏这一高度的自由,因此才被称为错误。我们说它是缺乏,是因为我们失去了作为本性的完满;我们说它是错误,是因为由于我们的过错才不具有这种完满,我们没有把意志控制在理性的范围内。然而我们不能说是由于神让我们丧失了它给予我们的许多理性,我们才犯了错误。神不可能具有任何不完满性。因此,这种构成错误形式的不完满性从人的角度来说是一种缺乏,对于神来说就不是缺乏,而是一种否定。

——《伦理学》《笛卡尔哲学原理》

5.精神与情感

情感就是精神的波动,是一种模糊的观念;精神通过这种观念来肯定其身体或身体的一部分, 具有比此前较强或较弱的能力;由于有了这种模糊的观念,精神不得不更多地思想某个东西,而不是其他东西。

在精神中思想和事物的观念是怎样排列和联系在一起的,在身体中身体的感触和事物的形象也是同样地排列和联系在一起的。观念的次序和联系跟事物的次序和联系是相同的,反过来说,事物的次序和联系与观念的次序和联系也是相同的。因此,在精神中观念是按照身体感触的次序和联系而排列和联系的。反过来说,身体的感触也按照精神中思想和事物的观念的次序和联系而排列和联系的。

如果我们让精神中的情感跟一个外因的思想分开,而把它跟另一个思想联系在一起,那么对那外因的爱或恨以及由此激发的精神波动也会随之消除。造成爱或恨之形式的东西,是由一个外因的观念而产生的快乐或痛苦。因此如果把这个外因的观念消除,那么爱或恨的形式也就随之被消除了。这些情感以及由它们所激发的其他情感也将被消除。

只要我们对一个被动的情感形成清晰的观念,它就不再是一个被动的情感。一个被动的情感是一个模糊的观念。如果我们对该情感形成清晰的观念，那么这一观念跟情感本身实际上并没有什么区别。因此这一情感就不再是被动的情感。我们对于情感的了解越多，我们就越是能够控制情感，而精神感受情感的痛苦也就越少。

对于身体的任何感触，我们都可以形成清晰的观念。因为只要是所有事物共同具有的东西，都可以被正确理解。由此可以推论，对于任何情感，我们也可以形成清晰的观念。一个情感既是身体感触的一个观念，因此必定包含清晰的观念。只要是由精神中正确的观念推出来的东西，我们都能清晰地加以了解。既然如此，那么每个人都有清晰了解自己及其情感的能力，即便不能绝对地了解，至少可以部分地了解。因此他可以让自己较少受到情感的束缚。我们要尽可能地对每个情感都获得清晰的了解，这样就可以让精神感到满足，并让那个情感跟其外因的思想分开，而与真正的思想结合在一起。这样一来，不仅爱、恨等情感可以被消除，那些由这些情感而发生的欲望也不会过分。

这里应该注意的是，人的主动固然是源于某种欲望，人的被动同样是源于这种欲望。例如，人的本性总是想让他人按照自己的意愿生活。对于一个没有理性指导的人来说，这种欲望就是被动的情感，被称为野心或骄傲；相反的，对于一个按照理性的指导而生活的人来说，它就是主动的情感，被称为美德或责任心。所有的要求或欲望只要是源于不正确的观念的都是被动的情感；只要是源于正确的观念的都是主动的情感或美德。只要是决定我们行为的欲望，既可以从正确的观念产生，又可以从不正确的观念产生。在我们力所能及的范围内去克制情感，除了尽可能地对情感加以了解，再没有别的办法。因为人的精神除了具有思想和构成正确观念的能力外，没有别的能力。

只要精神理解所有事物都是必然的，那么它控制情感的能力就会增强,而感受情感的痛苦就会减弱。这种对事物必然性的认识越是能够推广到我们清晰想象着的个体事物上,我们的精神控制情感的力量就越能得到增强。例如,如果一个人认识到他丢失的珍贵东西在任何情况下都无法保存,那么他失去它的痛苦一定会大大减轻。又如,没有谁会因为一个婴儿不会说话、不能走路、不会推理而可怜他,因为一个人在幼年期必然如此;然而如果大多数人生来就是成年人,只有一两个人生来是婴儿,那么大家就会可怜他们。因为这不是必然的,而属于自然的缺陷。诸如此类。

——《伦理学》

6.精神与想象

我所说的想象是指想象某个事物的存在,而这一想象的事物是所有人都知道的。例如,我明明知道皮特已经回自己家了,却想象他来看我。诸如此类。我的问题是:这种想象的观念是关于什么的?回答是:想象的观念是关于可能存在的事物,而不是关于必然的事物或不可能的事物。

所谓不可能的事物就是指该事物的存在包含矛盾。而一个事物的不存在包含矛盾,那么它就是必然的事物;如果一个事物存在或不存在,按照其本质来说都不包含矛盾,它就是可能的事物。我们之所以能够想象可能的事物之存在,是因为其存在的必然性或不可能性都是源于我们还不知道的原因;如果这种源于外因的存在之必然性或不可能性被我们知道了,我们就不能对它有所想象。因此,我们不可能想象神,这就像我知道自己存在,就不可能想象我存在或不存在一样。同样的,我也不可能想象一头象可以穿过一个针孔。又例如,当我知道神的本质时,我就不可能想象它的存在或不存在。同样的,我也无法想象那本身就包含矛盾的幻象。由此可知，我们说的想象不可能涉及永恒的真理。

再举一个看似想象实则不是的例子：我们设想眼前这支正在燃烧的蜡烛并没有燃烧；或者设想它在某个空间燃烧；或者设想它在一个没有物体的地方燃烧。第一个设想，只不过是我回忆起另一支没有燃烧的蜡烛，我在看这支正在燃烧的蜡烛时，没有注意到它的火光，以为它是那支没有燃烧的蜡烛；第二个设想，我是从许多关于蜡烛的事物中抽象出蜡烛本身，推想它本身并不含有消灭自己的原因，因此在没有任何东西围绕它的情况下，这支蜡烛的燃烧会没有变化；第三个设想是一种不可能发生的情况。因此，这三种设想都不是想象，而是纯粹肯定的说法。

值得注意的是，精神知道的东西越少，感觉的东西越多，它想象的可能性就越大；相反的，精神知道的东西越多，它想象的可能性就越小。例如，我们正在思想时，不可能去想象我们在思想或不在思想；同样的，我们在知道事物的性质时，例如，不可能去想象一个无穷大的苍蝇；又如，我们在知道灵魂的性质时，不可能把它想象成一个四方形。人对于自然所知道得越少，就越容易想象：例如想象树木会说话，想象人在一瞬间变成石头或溪流，想象镜子上会出现鬼的形象，想象神灵变成猛兽或人，等等，难以计数。

如果精神对想象的或本质上自相矛盾的事物反复思考，采用推理的方法就很容易发现其错误。如果这一想象的事物按其本质来说是真实的，精神经过认真思考，也可以推导出其中包含的真理。因此，只要我们对某个事物有清晰的认识，就不用担心有什么想象。例如，有人说，人在一瞬间就变成了野兽，这一想象不过是一种泛泛而谈，并没有在我们精神中形成观念。此外，只要第一个观念不是想象的，而其他所有观念都是从它之中推导出来的，那么想象的做法就会逐渐减少。那些想象的观念不可能是清晰的，必定是模糊的；之所以模糊，是因为精神对整个事物或由许多部分组成的事物只知道一部分，而且分不清哪些是已知的，哪些是未知的。由此可知,首先,如果一个观念的对象是简单的,它就必定是清晰的。因为对于简单的事物我们不可能只知道它的一部分,而是要么知道全部,要么一无所知。其次,如果我们对一个由许多部分组成的事物在思想中加以分析为最简单的部分,在对这些部分一一加以研究,那么就可以消除所有的模糊。最后,想象的观念不会是简单的,而是由自然界许多事物和运动的模糊观念混合而成的。更为恰当地说,它是由于同时考察这些不同的观念却未能获得理性的认可而形成的。如果想象的观念是简单的,它就必定是清晰的,而且应该是真实的。如果想象是由清晰的观念所组成,那么这个组合体也应该是清晰而真实的。例如,如果我们知道圆形的性质和方形的性质,就绝不可能把这两个观念组合为一个方形的圆。

在没有理性帮助的情况下,我们有时也可以借助想象来增强我们的记忆力,这想象是被某个物体所激发的,我之所以说"某个",是因为现象只可能被个别物体所激发。例如,一个人只是看一部小说,他就记得比较清楚一些,因为它单独激发了想象;如果他同时看几部类似的小说,他会同时想象它们的内容,从而混淆在一起。我说"物体",是因为想象只可能被有形的物体所激发。无论有无理性的帮助,记忆力都可以变强。由此可知,记忆跟理性是有区别的:理性本身并不包含记忆,也不包含忘记。想象跟理性不同,精神有了想象就处于被动状态。那些不能很好地分辨理性和想象的人往往会陷入极大的错误之中。例如,他们认为广延就是处于一定的地方,必定是有限的,广延的各个部分并不相同,它有时占据的空间更多一些等。这显然是错误的,跟真理相违背。

各种名词是想象的一部分,也就是说,我们之所以能够想象许多观念,都是由于身体的特殊状况,让我们模模糊糊地在记忆中联系那些名词造成的。名词跟想象一样,在我们不注意的情况下会造成许多重大错误。而且词语的使用都是大众按照自己的理解程度来任意编排的，它们只是一种表明事物想象状态的符号，并不能表明事物在理性中的实质。常常出现这种现象：许多只在理性中而不是在想象中的事物，其名称却是否定的，如无限、无形体等；许多肯定的事物也用了否定的名称，如非创造、非依附、无穷、不朽等。而跟这些事物相反的东西，由于很容易想象，被人们赋予肯定的名称。我们之所以肯定或否定许多事物，是因为那些语言可以让我们拿来肯定或否定，而不是事物的本质就是肯定或否定的。如果我们不懂得这一点，就很容易把错误当成正确的东西。如果我们对想象和理性不加以区别，就会认为越是容易想象的事物就越是清晰，还会把想象的东西当成我们所理解的事物。因此会本末倒置，无法获得任何正确的结论。

我们想象的结果要么是由身体组织产生的，要么是由精神组织产生的。有许多热病和其他生理障碍导致精神错乱，这样的人只会想象斗争、愤怒、击杀等东西。还有一些想象是跟理性联系在一起的，以某种秩序把自己的形象跟语言相结合。几乎没有任何我们可以理解的东西，想象却不能对其形成一种形象。因此，由生理原因产生的想象永远不会成为未来发生的事情之预兆。其原因并不包含未来的事情。另一方面，由精神原因产生的想象有可能成为未来某个事情的预兆。精神能够模糊地预感某个未来的事情，因此才能够这样确切生动地想象它，好像它就存在眼前一样。

例如，某个父亲深爱其子，俩人就像一个人一样。在父亲的思想中必定有着儿子本质状况的观念以及与此联系在一起的东西。这样父亲就能够生动地想象由儿子本质产生的事情，好像它就在眼前一样。不过这需要一些条件：①这一事情是有意义的；②这一事情是我们容易想象的；③事情出现的时间不能太远；④父亲身体组织不仅健壮，而且处于自由状态，摆脱了所有可能导致感官烦恼的外部干扰。此外还有一点也很重要：就是在我们思考这些事情时，能够激起类似的一些观念，例如，如果我们同这人或那人谈话时听到一种抽泣声,那么在我们想起他们时,就会记起我们听到过的抽泣声,就像我们正在跟他们谈话时一样。

——《知性改进论》《给巴林的信》

7.我们精神的几种知识

知识可分为四种:①通过传闻或随意提出的名称获得的知识。②通过未经理性确定的经验获得的知识。我们称之为经验,是因为它们是偶然产生的,我们又没有相反的经验来否定它,于是它们就留在我们的精神里。③通过推论获得的知识,但这一推论并不一定正确。这种知识的获得或者是通过结果去求原因,或者是通过总是伴随着某种特点的普遍现象。④通过认识事物的本质或其最为接近的原因而获得的知识。试举例说明。第一种:通过传闻,我知道自己的生日、我家庭的情况以及其他一些我从未怀疑过的事情。第二种:通过经验我知道自己将来一定会死,这是因为我看到跟自己同类的人之死,尽管并非所有的人都是同一个年龄死亡或者都是得同一种病死亡。通过经验我还知道,油可以燃烧,水可以灭火;我还知道狗能狂吠,人有理性。实际上,几乎所有日常生活中的知识都是源于经验。第三种:当我们感知自己的身体时,就可以推出身体和精神一定是结合在一起的,这种结合就是我们感知的原因;然而这种感知以及这种结合到底是怎么回事,我们并不确切知道。又如,当我们知道视力的特点,即能让同一物体从远看变小,从近看变大时,就可以推出,太阳要比我们看到的大得多,等等。第四种:例如,我知道某个事物时,我就知道自己知道这个事物;我知道精神的本质时,就知道身体和精神是统一的。又如,我知道三加二等于五;两条直线都跟第三条直线平行,那么这两条直线必定是平行的;等等。不过迄今为止,运用这种知识来认识的事物还不是很多。

为了从这些知识中确定最好的那一种,先要考察一下为达到我们的目的而需要的手段:首先,对于我们要使之完满的自己的本性要有确切的认识,同时对其他事物的本性要有更多的认识。其次,由此进一步正确地探究出事物之间相同、相异或相反的地方。再次,由此进一步正确地认识到哪些是事物可能做的、哪些是不可能做的。最后,把对事物本性的知识跟人的本性和力量相比较,由此发现人能够达到的最大完满。

由上可知,哪一种知识是我们应该首先选用的。第一种知识不应该选用。它是来自传闻,没有确定性,更无法让我们看到事物的本质。所有由传闻获得的知识都不是科学的。第二种知识也不应该选用。它也没有确定性,人们通过它只能发现一些偶然的存在,因此也是不科学的。第三种知识也不应该选用。尽管它可以提供给我们想要认识的事物之观念,还可以让我们进行推论而不犯错误,却仍然不能帮助我们达到所希望的完满性。只有第四种知识是我们应该首先采用的。因为只有它才可以直接认识事物的正确本质而不陷入错误。

知识可分为这样四种:①通过感官获得的个别事物的观念,它们是零碎的、模糊的和没有理性的,我称之为由泛泛的经验获得的知识。②由符号获得的观念。例如,当我们听到或看到某些词语时,会同时回忆起跟它们相应的事物,形成跟它们类似的观念,并通过这些观念来想象事物。我将它称之为想象或第一种知识。③源于事物的特征而获得的正确观念。我称之为理性或第二种知识。④源于神的某一属性而获得对于事物本质的正确观念,我称之为直观知识或第三种知识。我试举一例说明它们的区别:现有三个数,要求给出第四个数,使得第四个数与第三个数之比,等于第二个数与第一个数之比。一个商人会毫不犹豫地拿第二个数和第三个数相乘,然后除以第一个数,所得就是第四个数。他这样做可能是因为自己还记得从老师那儿听来的未经证明的公式,那么这是采用了泛泛经验获得的知识,也可能是由于平时经常计算获得的经验,那么这是采用了第一种知识,还可能是根据欧几里得几何学中相关的证明知道了比例的共同特性,那么这是采用了第二种知识;最后还有一种可能是,仅凭自己的直观就得出了答案,如这三个数是 1、2、3,那么几乎人人都可以看出这第四个数是 6,而不需要任何证明。这就是采用了第三种知识。

只有第一种知识可能是错误的原因,而第二和第三种知识必定是正确的知识。而且只有第二种和第三种知识,而不是第一种知识才可能让我们辨别真理与错误。我们的精神应该尽可能地按照第三种知识来理解事物。第三种知识是源于对神的某一属性之正确观念而达到对于事物本质的正确认识。我们越是能够按照这种知识来理解事物,那么我们就越是能够理解神;我们的精神越是善于按照第三种知识来理解事物,那么它也越是愿意这样去做。我们可以从第三种知识中获得精神的最大满足。精神的最高道德在于了解神,或者说在于按照第三种知识来理解事物。精神越是善于按照这种知识来理解事物,它达到的道德境界就越高。因此如果一个人能够按照这种知识来理解事物,他就能够发展到最大的完满,也就会感受到最大的快乐,而快乐就是一个人跟自己的道德观念联系在一起的情感。因此从这种知识可以产生精神最大的满足。

——《知性改进论》《伦理学》

8.精神不灭和人的意志

被创造的实体可分为广延实体和思想:广延实体就是物质或有形实体,思想实体就是人的精神。人的精神不是从某个中间物中产生的,而是神创造的,但我们并不知道是什么时候创造的。如果人的精神能够独立于身体而存在,就难以确定其被创造的时间。实体本身不可能被产生,它只能被无所不能的力量即神所创造。

在什么意义下可以说精神不灭? 显然,我们不能说任何被创造的事物之本质就包含了不能被神的力量所消灭。谁有力量创造事物谁就有力量消灭它。从本质上说,任何一个被创造的事物是一刻也不能存在的,只能被神连续不断地再创造。尽管如此,我们并没有实体被消灭的观念,却有形式被消灭和被产生的事物被消灭的观念。只要我们考察一下人的身体构造,就会有关于这一构造可能被消灭的观念;然而我们却很难设想,有形实体也会以同样的方式被消灭。我们要考察的不是神凭借自己的无所不能可以做什么,而是根据神赋予事物的规律来判断事物的本质。因此,只要是根据这些规律推导出的东西都是确定的。在讨论精神不灭问题时,我们并不探究神能够做什么,而是探究我们从自然规律中可以得出什么结论来。

根据这些规律可以推出,实体不可能被自己所消灭,也不会被任何其他被创造的实体所消灭。根据自然规律,我们应该承认精神不灭。有人说,神为了实现奇迹有可能消灭这些自然规律。实际上,许多头脑清醒的神学家都认为神的活动绝不会违反自然,而是超出自然。神的活动规律有许多,人们并没有全部认识,它们一旦展示给人,我们就会觉得它们跟以前知道的那些规律一样自然。因此,人的精神是不灭的。

有些人认为,意志是跟精神不同的东西。我说过,人的精神是能够思想的东西,按照精神的本质,它要做的就是思想,也就是去做肯定或否定。而这些思想要么被精神以外的事物所决定,要么只被精神所决定。因为精神是一种实体,从其思想本质中可以产生许多思想活动。那些承认人的精神是唯一原因的思想活动称为意愿,而人的精神作为这些活动的充分原因称为意志。值得注意的是，即使精神被外部事物所决定而肯定或否定某个东西，它也不是被外部事物所强迫而这样做的。也就是说，它仍然是自由的。任何事物都没有力量来消灭精神的本质。因此精神在做肯定或否定时永远是自由的。如果有人问，精神为什么愿意这个或不愿意那个，我的回答是，因为精神是能够思想的东西，按照其本质它有力量愿意什么、做肯定或否定。只有这样才是能够思想的东西。

有人把意志跟精神在肯定或否定某个东西后所具有的欲望混为一谈，把意志规定为行善的欲望。我认为，意志是肯定或否定某个事物是好的，而意志超出了理性的范围就会造成错误。精神对于坏的东西并非绝对没有欲望，也就是说，它并不是绝对不能把坏的东西当成好的东西。实际上我们往往把许多坏东西当成好的，同时又把许多好东西当成坏的东西。

还有人认为，意志不是精神自身，而是存在于精神之内或精神之外的某个东西，而人的精神就像一张没有任何思想的白纸，能够接受任何形象；或者说，意志就像一个处于平衡状态下的重物，只要受到新加上来的力量，就会向这一边或那一边倾斜。对此，我刚刚说过，意志不过是能够思想的，也就是能够做肯定或否定的精神自身。这些人的错误之处是把思想属性跟能思想的东西分离开来，认为能思想的东西没有任何思想，而思想却被看成第一性的物质。如果我们把意志当成没有任何思想的东西，我们就得承认它按照其本质是不被决定的。然而情况恰恰相反，意志就是一种思想，也就是做肯定或否定的力量和充分的原因。这些人并不理解意志，对理性也没有清晰的观念，于是就把理性跟有形体的东西混为一谈。他们通常把用来说明有形体的东西之名词运用到精神之上，他们习惯于把受力大小相等、方向相反而处于平衡状态下的诸有形物体看成是不被决定的，他们称意志是不被决定的，也就是把它看成是这种处于平衡状态下的物体。

——《笛卡尔哲学原理》

四、我看人的情感

(1)欲望是人的本质自身,这里人的本质是指由人的任何情感所决定而发生的某种行为。欲望是意识到的冲动,而冲动是人的本质自身, 这里人的本质是指决定发生有利于保存自己的行为。我并不认为在人的冲动和人的欲望之间有什么区别。无论一个人是否意识到自己的冲动,作为冲动都是一样的。因此,为了避免同语反复,我并没有拿冲动来解释欲望,只是给欲望下了一个定义,让它可以把人性中所有的努力,也就是我们称之为冲动、意志、本能等的东西包括在一起。本来我也可以说,欲望是人的本质自身,这里人的本质是指决定发生有利于保存自己的行为;但按照这一定义,无法推出"精神能够意识到它的欲望或冲动"这一判断。为了包括这一内容,就改为"这里人的本质是指由人的任何情感所决定而发生的某种行为"。这里所谓人的本质的情感是泛指本质的任何状态,无论它是源于先天,还是源于后天;无论它只通过思想这一属性而被认识, 还是只通过广延这一属性而被认识,又或者是跟这两个属性都有关系。欲望一词是指人的所有努力,包括本能、冲动、意愿等情感,它们随着人的身体状态之变化而改变,甚至往往是互相对立的,而人却被它们拽着,一会儿在这里,一会儿在那里,不知道自己到底是在朝着什么方向走。

(2)快乐是一个人从较小的完满过渡到较大的完满。

(3)痛苦是一个人从较大的完满过渡到较小的完满。这里我说到过渡,这是因为快乐并不是完满本身。如果一个人生来就有他必须经历过渡才会达到的完满,他就不会感到快乐。这一点在痛苦这一情感上尤为明显。人们都知道痛苦是往较小完满的过渡,而不就是较小完满本身。如果一个人具有某种完满,他就不会感到痛苦了。我们也不能说痛苦是缺乏较大的完满,因为缺乏就是没有,而痛苦的情感是一个不争的事实。痛苦必定是过渡到较小完满的事实,是一个人的活动力被减弱或受到阻碍的事实。至于高兴、满足、烦恼、疼痛的定义我这里就不列了。因为它们主要是关于身体的情感,只是快乐或痛苦的另一种说法。

(4)惊讶是精神专注于某个对象的想象,这是因为这一特别的想象跟其他想象没有任何联系。

(5)轻视是一种想象,其对象是精神觉得无足轻重的事物;当这一事物呈现在眼前时,精神总是倾向于想象它所缺乏的性质,而不去想象它所具有的性质。

(6)爱是跟一个外因产生的观念联系在一起的快乐。有些论者认为,爱是爱者要求与被爱者合而为一的意志。在我看来,这只是说明了爱的一个特点,还没有说出爱的本质。由于他们对爱的本质认识不清,对这个爱的特点也解说不清,让人费解。而我在说"爱者要求与被爱者合而为一的意志"是爱的特点时,就得同时声明,我并不认为这里所谓的意志就是自由决定,因为它只是一种幻想;也不认为爱是爱者要求与被爱者合而为一的欲望,无论这被爱者是否在他眼前,即使没有这种欲望,我们仍然可以想象爱的性质。我所说的意志是指爱者当被爱的对象在眼前时所产生的满足感,有了这种满足感,爱者的快乐就得到了增强。

(7)恨是跟一个外因产生的观念联系在一起的痛苦。

(8)偏爱是跟一个偶然产生快乐的对象之观念联系在一起的快乐。

(9)厌恶是跟一个偶然产生痛苦的对象之观念联系在一起的痛苦。

(10)敬爱是对让我们感到惊讶的对象之爱。我说过,惊讶是由于对象的新奇。因此,如果经常想象让我们感到惊讶的事物,它就不会再让我们感到惊讶。这样一来,敬爱的情感就会转变成单纯的爱。

(11)嘲笑是由于想象所恨的事物有让我们轻视的地方而产生的快乐。只要轻视所恨的事物,我们就可以否认它的存在,也就感受到快乐。既然一个人恨自己所嘲笑的事物,由此产生的快乐就不会持久。

(12)希望是一种不稳定的快乐,它是源于将来或过去某个事物的观念,而对于这一事物的前景有所怀疑。

(13)恐惧是一种不稳定的痛苦,它是源于将来或过去某个事物的观念,而对于这一事物的前景有所怀疑。由这两个定义可以推论,一个人不可能只有希望而无恐惧,也不可能只有恐惧而无希望。当一个人带有某种希望同时又怀疑某个事物的前景时,他总会想象某种能够排斥其未来存在的东西。因此他会感到痛苦,由于所希望的事物不会实现而恐惧。相反的,当一个人恐惧或怀疑他所恨的事物的前景时,他总会想象某种能够排斥其所恨的事物之存在的东西。因此他会感到愉快,希望自己所恨的事物不会实现。

(14)信心是源于一种毋庸置疑的过去或将来的事物观念之快乐。

(15)失望是源于一种毋庸置疑的过去或将来的事物观念之痛苦。由此可知,信心是源于希望,而失望是源于恐惧,这是发生在希望或恐惧的对象之前景已经无可怀疑的时候。

（16）欣慰是跟一个过去意外发生的事物之观念联系在一起的快乐。

（17）惋惜是跟一个过去意外发生的事物之观念联系在一起的痛苦。

（18）同情是跟想象同类之人受难的观念联系在一起的痛苦。同情跟怜悯之间应该没有什么区别；不过同情大都是指个别的情感，而怜悯是指倾向于同情的精神状态。

（19）奖励是对有利他行为的人表示的爱。

（20）义愤是对有害人行为的人表示的恨。我知道这两个名词在日常生活中还有其他意义，但我的目的不是来解释这些名词的意义，而是解释事物的性质，而且我运用它们的意义跟日常生活的意义并非完全不同。

（21）过奖是由于爱一个人而对其评价过高。

（22）轻视是由于恨一个人而对其评价过低。由此可见，过奖或轻视是爱或恨的结果。因此过奖可以说是被爱所遮蔽而对所爱的事物评价过高的爱；相反的，轻视可以说是被恨所遮蔽而对所恨的事物评价过低的恨。

（23）嫉妒是一种恨，它让人因他人的幸福而痛苦，因他人的灾祸而快乐。一般来说，跟嫉妒相反的情感就是同情。这里说的同情跟它日常生活的意义也许有些区别。

（24）同情是一种爱，它让人因他人的幸福而快乐，因他人的不幸而痛苦。

（25）自满是一个人考察自己及其活力而产生的快乐。

（26）谦卑是一个人考察自己软弱无能而产生的痛苦。

（27）后悔是一种痛苦，它是跟相信源于精神的自由命令而做的事情之观念联系在一起。我这里想要指出的是，世俗所说的恶行必定有痛苦联系在一起，而世俗所说的善行必定有快乐联系在一起，这是不足为奇的。这在很大程度上是教育所致。做父母的对于恶行总是深恶痛绝,一旦子女有了过错就会严加惩罚,同时告诫他们去行善;如果子女有所行善就会大加赞赏。这样一来,就让痛苦的情感跟恶行联系在一起,让快乐的情感跟善行联系在一起。由于各地的习惯和宗教都不相同,这里被认为是神圣的,那里也许被认为是亵渎;这里被看成是光荣,那里被当作是耻辱。因此,只有教育才可能决定人们对某种行为采取何种态度,是后悔还是夸耀。

(28)骄傲是由于爱自己而对自己评价过高。由此可知,骄傲跟过誉是有区别的:过誉是对一个外在对象评价过高,而骄傲是对自己评价过高。过奖是爱他人的结果,骄傲是爱自己的结果。因此骄傲是由于自爱或自满而对自己评价过高的情感。从这一点看,骄傲的反面似乎并不存在,因为没谁会由于恨自己而把自己看得过低。即使一个人有时想象自己不能做这或做那,也不会把自己看得过低,因为当他想象自己不能做什么的时候,他认为这是必然的。他会受自己想象的影响,不会去做自己想象着不能做的事。然而只从意见的角度看,一个人把自己看得过低是可能的。有时一个人会想象所有的人都在轻视他,实际上没有任何人有此想法。还有人声称自己不能设想任何确定的事物,或者自己的欲望中只有卑下邪恶的东西,等等。这都是把自己看得过低的表现。这里确实表现出骄傲的反面,我们称之为自卑。

(29)自卑是由于痛苦而对自己评价得过低。我们往往认为骄傲跟自卑是两种互相对立的情感,但这只是看到表面的情况而未涉及其本质。如果一个人喜欢自我夸耀,做事张扬,好出风头,我们就说他很骄傲。如果一个人总是自惭形秽,低头走路,凡事忍让,我们就说他很自卑。实际上,像这种要么骄傲、要么自卑的情况是很少见的,因为这不符合人的本性。由此,我们往往可以看到这样比较复杂的情况:许多表现为自卑忍让的人实际上又是善嫉妒而野心勃勃的人。

(30)荣誉是跟想象我们的行为被人赞许的观念联系在一起的快乐。

(31)耻辱是跟想象我们的行为被人指责的观念联系在一起的痛苦。这里我要谈一谈耻辱跟害羞之间的区别:耻辱是由我们感到羞耻的行为中产生的一种痛苦,而害羞是害怕耻辱的情感,这一情感可以阻止人们不去干某些卑劣的事情。人们通常认为无耻是跟害羞相对立的,实际上无耻并不是一种情感,以后我还会谈到这一点。我已经说过,这些情感方面的名词大都是习惯用法,并不足以表达情感的性质。

(32)渴望是要占有某事物的欲望,这一欲望因对该事物的回忆而加强,同时又因对排斥该事物的东西之回忆而减弱。

(33)要强是对于某事物的欲望,这一欲望是由于我们想象他人也有同样的欲望而产生的。

(34)感恩是源于爱的欲望,尽力用恩情来报答那些源于同样的爱、对我们施加恩情的人。

(35)仁慈是对那些我们所怜悯的人施加恩情的欲望。

(36)愤怒是因恨被激发而想伤害所恨者的欲望。

(37)复仇是因恨被激发而想伤害那因同样的恨伤害过我们的人之欲望。

(38)残忍是一个人被激发而伤害他所爱或怜悯的人之欲望。跟残忍正相反的是慈悲。慈悲不是被动的情感,而是一个人克制自己愤怒和复仇情感的精神力量。

(39)懦弱是为了避免较大灾祸而宁可忍受较小灾祸的欲望。

(40)勇敢是一个人被激发去做其他人不敢做的危险事情的欲望。

(41)胆怯是一个人因害怕其他人都敢于承受的危险而压抑自己的欲望。胆怯是对多数人并不害怕的灾祸表示恐惧,因此我不把胆怯看作欲望类的情感。不过从欲望的角度看,胆怯确实是跟勇敢相对立的情感。

（42）惊慌是一个人因对所恐惧的灾祸表示惊讶，而让自己避免灾祸的欲望受到阻碍。

由此可知，惊慌是一种胆怯。不过由于惊慌产生于双重的恐惧，更为恰当的说法是，惊慌是一种让人不知怎样消除灾祸的恐惧，其表现是惶恐和痴呆。

（43）谦和是只做让人愉悦的事情。

（44）好名是没有节制地追求名声，是增强所有情感的欲望，因此它几乎是无法克制的。只要一个人有欲望，就必定有好名之心。西赛罗说："伟大人物都被好名之心所支配。许多哲学家，尽管在著书立说时教导他人淡薄名利，却仍然把自己的姓名写在书的封面上。"

（45）贪吃是对美味毫无节制的欲望。

（46）酗酒是对美酒毫无节制的欲望。

（47）贪婪是对钱财毫无节制的欲望。

（48）淫欲是对性交毫无节制的欲望。要求性交的欲望通常都叫作淫欲，无论其是否有度。

上述五种情感都没有正好相反的情感。例如，谦和不仅不是好名的反面，反而是好名的一种。节制、清醒和贞操都只表示精神的力量而不是被动的情感。我们假定一个贪婪、好名或怯懦的人，现在不再过度地吃美食、饮美酒和性交，然而贪婪、好名和怯懦并不是贪吃、酗酒和淫欲的反面。贪婪的人也愿意大快朵颐，只要他享用的酒肉是他人的，不须自己掏钱。同样的，好名者只要自己的恶行不被人发现，也绝不会加以节制；如果他同那些贪杯者、好色者在一起，为了好名，他更加会附和他们作恶。而胆怯者往往会做自己不愿做的事，例如为了免除一死，会把自己的钱财抛进大海，然而他仍然是贪婪的。一个好色者尽管因无法满足自己的色欲而痛苦，他还是一个好色者。因此，总起来说，这些情感并不关涉饮食男女的行为,而是关涉欲望本身。除了高尚的灵魂和精神的力量之外,没有其他任何东西可以跟这些情感相对立。

　　所有的情感都是从欲望、快乐或痛苦中派生出来的,从这个意义上可以说,除了这三种情感之外再没有其他情感,其他所有情感都不过是用来表示这三种原始情感之间的关系以及外在表现的不同名称而已。

——《伦理学》

2.情感的被动和主动

　　刺激我们的事物有多少种,它们所激发的情感就有多少种:快乐、痛苦、欲望以及所有由此组成的情感,如情感波动,还有由此派生的情感,如爱、恨、希望、恐惧等。快乐、痛苦以及由其组成或派生出来的情感是被激发的情感。只要观念不正确,我们就必定被动;如果我们只是知道想象事物,或者我们的情感因身体感触而包含其性质以及外物的性质,那么我们必定是被动的。我们要解释任何一个被动的情感,都应该找到那激发我们被动情感的事物之性质。例如,由 A 事物产生的快乐必定包含A 事物的性质,而由 B 事物产生的快乐必定包含 B 事物的性质。因此这两种快乐情感的性质是不同的,它们是由不同性质的原因而产生的。同样的,由这一事物所产生的痛苦跟由另一事物所产生的痛苦性质也是不同的。此外关于爱、恨、希望、恐惧、情感波动等都可以以此类推。因此刺激我们的事物有多少种,它们所激发的情感就有多少种。

　　然而欲望是一个人的本质自身,表现为他被某种情况所支配而做出的行动;他由于外因而产生快乐、痛苦、爱、恨等情感,由于被各种情况所支配,他的欲望也必定是变化不定的。由于欲望得以产生的情感不同,各种欲望的性质也必定不同。因此,有多少种快乐、痛苦、爱、恨等情感,就会有多少种欲望。这些不同种类的情感中最主要的有贪吃、酗酒、淫欲、贪婪和虚荣,它们都是爱好或欲望的变种。所谓贪吃、酗酒、淫欲、贪婪和虚荣就是对于美食、酗酒、性交、钱财和荣誉没有节制的爱好或欲望。此外,我们也无法找到跟这些情感正好相反的情感,通常所说对贪吃、酗酒、淫欲、贪婪和虚荣的节制并不是一种被动的情感, 甚至也不是任何情感,而是一种精神克制这些情感的力量。

只要一个人的本质跟另一个人的本质不同,那么他们的情感就不相同。所有的情感都跟欲望、快乐和痛苦相联系。然而欲望是人的本质。因此只要一个人的本质跟另一个人的本质不同,他们的欲望就不相同。而快乐与痛苦是能够增强或减弱一个人保持自己存在的能力的情感。而这种保持自己存在的努力就同时跟精神和身体相联系,也就是冲动和欲望。因此快乐或痛苦就是被外因所决定而增强或减弱的冲动和欲望,快乐和痛苦就是一个人的本质自身。只要这个人的本质不同于另一个人的本质,那么他们的快乐或痛苦就不相同,他们的情感也不相同。由此可知,动物的本性跟人不同,因此动物的情感被称为无理性的情感,也就跟人的情感不同。例如马跟人一样有传宗接代的欲望,然而马是马的欲望,人是人的欲望。同样的,虫鱼鸟兽的欲望和冲动也必定各不相同。因此,尽管每一个体都率性而为,以生存为乐,但它们的性质和快乐都是自己的观念。只要一个个体的本质跟另一个不同,它们的快乐和性质也就不同。例如一个酗酒者的快乐跟一个哲学家的快乐是明显不同的。

上面所说的都是人的被动情感, 下面再讨论一下人的主动情感。

快乐与欲望也可以是主动的情感。当精神认识到自身及其活动能力时,会感到快乐。然而当精神具有一个正确观念时必定会观察自身;精神具有正确观念就是主动的,它必定感到快乐。此外,无论精神具有清晰的观念还是模糊的观念,它都要尽可能地保持自己的存在。这种保持自己存在的努力就是欲望。因此,快乐与欲望也可以是主动的情感。

如果精神是主动的,与之相关的所有情感都跟快乐或欲望联系在一起。所有的情感都跟欲望、快乐或痛苦相联系。然而痛苦是表示精神的活动能力被减弱的情感,只要精神感到痛苦,它的思考能力即活动能力就被减弱。就精神是主动的而言,不可能有痛苦的情感跟它相联系,只有快乐和欲望的情感才可能跟它联系在一起。只要是源于主动情感的活动都可以称为精神力量。精神力量又可分为意志与仁慈:所谓意志是指每个人源于理性而尽可能地保持自己存在的欲望;所谓仁慈是指每个人源于理性而尽可能地帮助他人并获得其友谊的欲望。所有行为,只要是为行为者谋利益的就属于意志,只要是为他人谋利益的就属于仁慈。

只要是清晰了解自己及其情感的人必定会爱神,他越是了解自己及其情感,就越是爱神。只要是清晰了解自己及其情感的人必定会感到愉悦,而他的愉悦必定是伴随着神的观念。这种对神的爱必定在他的精神中占有至高无上的地位。这种对神的爱是跟身体的所有感触联系在一起的,所有这些身体感触都能够培养这种爱。因此,这种对神的爱必定在其精神中占有至高无上的地位。

神不可能有被动的情感,不会被任何快乐和痛苦的情感所激发。这是因为,所有跟神联系在一起的观念都是正确的。因此神没有被动的情感。此外,由于神不存在向或大或小的完满过渡的问题,它绝不会被任何快乐和痛苦的情感所激发。由此可以推论,实际上神既不爱人也不恨人。

有人能够恨神。在我们的精神中,神的观念是正确而完满的。就我们能够了解神而言,我们就是主动的,绝不可能有什么痛苦跟神的观念联系在一起。没有人能够恨神。由此可以推论,人们对神的爱绝不可能转变成恨。也许有人会反对说,既然我们认为神是所有事物的原因,那就等于承认神也是痛苦的原因了。对此我们的回答是,一旦我们认识到痛苦的原因,痛苦就不再是被动的情感。也就是说,它就不再是痛苦。因此,只要弄清楚了痛苦的原因,我们也会感到愉悦。

只要是爱神的人都不会期望神以爱来回报他。如果一个人期望神以爱来回报他, 那么就等于说他要求自己所爱的神不是神,他所要求的就是痛苦。而这是说不通的。

这种对神的爱不可能被嫉妒的情感所败坏,恰恰相反,当我们想到通过对神的爱可以让我们联系到更多的人时,我们对神的爱就会更加强烈。对神的爱是我们按照理性的命令所追求的至善,而这种至善是所有人共同的。我们愿意所有人都能享有这种至善。因此,对神的爱绝不可能被嫉妒的情感所败坏;当我们想到由此可以让更多的人感到愉悦时, 我们对神的爱就会更加强烈。对神的爱是所有情感中最为持久的, 这一情感只有在身体灭亡后,才可能随之消亡。

精神克制情感的力量有这样 5 种:①对于情感本身的知识。②精神可以把情感本身跟我们想象的有关情感外因的混乱思想区别开来。③从时间上说,我们能够理解的事物之间联系的情感,要超出我们只能模糊、片面了解的事物之间联系的情感。④能够培养情感的原因有很多,由此情感能够跟事物的共同性质或神相联系。⑤精神能够整理自己的情感,把它们联系在一起,使之秩序井然。

我们说某个情感很强烈, 是拿一个人的情感跟另一个人比较,发现这个人更多地被同一种情感所激发;或者拿同一个人的各种情感相比较,发现其中某种情感比起其他情感来更多地激发了他。我们每一种情感的力量之强弱是该情感的外因力量与我们自己的力量相比较而决定的，然而精神的力量仅仅由知识所决定，精神之薄弱或被动又仅仅由知识的缺陷所决定，或者说是被不正确的观念赖以产生的能力所决定。由此可知，那大多被不正确的观念所充满的精神是最为被动的。因此我们只能根据其被动的地方来辨别它；相反的，那大多被正确的观念所充满的精神是最为主动的。因此我们只能根据其主动的地方也就是正确的观念来认识它。此外，精神中许多病态和不幸大都源于对某个东西的迷恋，而这个东西又是经常变化，绝非我们能够实实在在享有的。如果不是由于这种迷恋，就没有人会因为一个东西而焦虑烦恼。我们所有的受辱、猜忌、仇恨等都是源于迷恋那无人可以真正把握的东西。

由此，我们已经知道，清晰的知识，尤其是源于神的第三种知识，对于克制我们的情感有着何等重要的作用。尽管这种知识并不能把被动的情感完全消除，却可以让它们只占精神的极小部分。这种知识还能够产生一种对于我们真实享有的永恒不变的东西的爱，这种爱不会被其他普通的爱所败坏，反而能够越来越多地充满我们的精神。

——《伦理学》

3.情感与想象

如果对于一个能够产生情感的事物，既不想象它是必然，也不想象它是可能或偶然，只是纯粹地想象着它，那么我们对它的情感必定是最强烈的。对于我们想象为自由的事物之情感，必定要比我们想象为必然的东西之情感强烈，更比我们想象为可能的或偶然的事物之情感强烈。然而所谓想象一个事物为自由，就是纯粹地想象着它，而对决定其活动的原因却一无所知。因此如果对于一个能够产生情感的事物,既不想象它是必然,也不想象它是可能或偶然,只是纯粹地想象着它,那么我们对它的情感必定是最强烈的。

　　每一个事物都可能偶然地成为希望或恐惧的原因。这样的事物被称为好的或坏的预兆。既然预兆可以成为希望或恐惧的原因,那么它同时又可以成为快乐或痛苦的原因。因此我们就会对这些预兆产生爱或恨,而且会尽可能地利用它们来获取我们所希望的东西或消除可能成为恐惧之原因的东西。而人的本性总是容易相信我们所希望的东西,而不愿相信我们所恐惧的东西,往往是要么把它看得过重,要么把它看得过轻。各种蛊惑人性的迷信就是这样发生的。

　　同样的人对于同一个对象可以产生不同的情感;同一个人对于不同的对象,在不同的时间可以产生不同的情感。人的身体受外部事物多种刺激,因此两个人在同一时间里可以有不同的感触;对同一个事物也可以产生不同的感触。人的身体可以有时产生这种感触,有时产生那种感触,因此同一个事物在不同的时间里可以产生不同的情感或触动。由此可知,为什么这个人所爱的会被那个人所恨,这个人所恐惧的会被那人所喜欢,而且同一个人现在会爱以前所恨的,现在喜欢以前所恐惧的。既然每个人都是以自己的情感来判断什么是善、什么是恶,什么是好、什么是坏,那么人们意见各不相同就是很容易理解的事情了。因此我们要比较人和人之间的差异,也只能根据他们情感的不同来区别。例如称某人为勇敢,称另一人为胆怯。如果一个人对我平日所恐惧的灾祸毫不在意,我就说他胆子很大;如果我看到他所爱所恨的意愿并不因为害怕我平日所恐惧的灾祸而有什么减弱,我就说他勇敢。相反的,如果一个人对我平日毫不在意的灾祸十分恐惧,我就说他胆怯;如果我看到他所爱所恨的意愿因为害怕我平日毫不在意的灾祸而有所减弱,我就说他懦弱。人们大都是采用这种方式来判断他人的行为的。因此他们大都凭借自己的情感来判断事物,而他们以为能够让自己快乐或痛苦的事物往往纯粹是出于想象。由此可知,人们痛苦或快乐的原因是自己的观念,然而他们认为自己是自由的。因此这种情感显得特别强烈。

如果以前看到某个事物总是跟其他东西在一起,或者想象一个事物除了跟其他东西性质相同外毫无特点,我们就不会认为它是我们想象的具有特性的事物。当我们想象一个曾经跟其他东西在一起的事物时,就会立即回忆起这些东西。因此我们一想到这个事物就会立即联想到它们。当我们想象一个事物除了跟其他东西性质相同外毫无任何特点时,我们也会有同样的心理活动。相反的,如果我们想象一个事物具有我们从未看过的特点,也就是说,当精神观察它时,并没有其他东西可以由此及彼地联想到它。因此精神只可能观察这一事物。这一精神的情感或这种关于特殊事物的想象被称为惊讶。如果这种惊讶是由我们所畏惧的东西产生的,就被称为惊骇。由于灾祸突然降临而产生的惊讶,让我们的精神完全被这种灾祸所控制,无法想到其他东西来避免它。相反的,如果让我们感到惊讶的是他人的智慧、勤奋等,感到他们大大超出自己,那么这种惊讶就被称为敬畏。如果我们所惊讶的是他人的愤怒、嫉妒等,这就被称为恐惧。如果我们对一个所爱者的智慧、勤勉等表示惊异,而我们对他的爱也随之增强,这就被称为敬爱。此外我们还可以把恨、希望、信心等跟惊异结合在一起,形成更多的情感,往往会没有适当的文字可以表达。由此可知,情感的名称大都是日常语言习惯所产生的,并非源于对情感性质的严谨知识。

跟惊讶相反的情感是蔑视。然而蔑视的原因却是,刚开始我们惊讶、爱慕或畏惧一个事物,是因为我们看到他人也惊讶、爱慕或畏惧它,或者因为乍看起来它跟我们所惊讶、爱慕或畏惧的事物有相似的地方;然而当这事物出现在眼前,通过仔细观察,我们不得不承认，它没有任何能够让我们产生惊讶、爱慕或畏惧的地方，于是我们的精神不得不把它看成是不存在的。

当精神观察到自身及其活动能力时，会感到快乐；它对自身及其活动能力的想象越是清晰，它就越是快乐。一个人只有通过其身体的感触及其观念才能认识自己。因此，如果精神能够自我观察，它就达到比较大的完满。如果它想象自身及其活动能力越是清晰，它就越是快乐。一个人越是想象自己被他人赞美，他就越是快乐。因为他越是想象自己被他人赞美，他就越是觉得自己能够让他人快乐，而这种快乐是源于他自己的观念。因此他自己也会感到更大的快乐，而这快乐也是源于他自己的观念。

精神会尽可能地想象那些能够肯定自身活动能力的东西。这是因为，精神的力量就是精神的本质，而精神的本质只确认精神所能有的东西，而不确认精神所不能有的东西。因此精神只是尽可能地想象能够确认或肯定自身活动能力的东西。

如果精神想象自己的无能，必定会感到痛苦。精神的本质只确认精神所能有的东西。也就是说，精神的性质在于想象那能够肯定其活动能力的东西。如果精神想象自己的无能，即精神想象能够肯定其活动能力的做法受到了妨碍，它会感到痛苦。如果精神想象自己受他人责备，这种痛苦就会增强。这种跟我们自身软弱无能的观念联系在一起的痛苦被称为谦卑。由于观察自身而产生的快乐被称为自爱。由于一个人观察自己的美德或活动能力时，常常产生这种自爱，他总是喜欢向他人吹嘘。因此人们往往互相讨厌对方。由此可知，人天生是嫉妒的，他们总是以同类的软弱无能而感到快乐，以同类的才能而感到痛苦。一个人只要一想象自己的行为，就会感到快乐；他想象自己的行为越是完满，或者想象自己的行为越是清晰，越是能够把自己的行为跟他人的行为分开，他就越是感到快乐。一个人在欣赏自己独有的东西时，他获得的快乐是最大的。然而，如果他认为自己的一切都属于人或动物

的一般观念,他就不会感到有什么快乐。如果他想象自己的行为
比他人更为软弱无能,他就会感到痛苦。由此可知,人们天生倾向
于恨和嫉妒,而他们所受的教育也助长了这一倾向:父母往往会
以荣誉和嫉妒为诱饵来鼓励子女去修养道德。

——《伦理学》

4.情感与理性

只要是源于理性的情感,从时间的角度看,要比那些跟我们
认为不在眼前的事物有关的情感更有力量。我们认为某个事物不
在眼前,并不是由于我们想象该事物的情感造成的,而是由于身
体受到另一个排斥该事物的情感激发。因此,前一种情感不但不
能克服其他行为和力量,在一定情况下反而会受另一种情感的克
制。然而源于理性的情感必定跟事物的共同特性相关,而在我们
的想象中,事物的共同特性就在眼前,永远没有排斥其当下存在
的东西。只要是与此相反而且还未被其外因保持的情感必定会逐
渐适应这种源于理性的情感,直到不再跟它相对立。由此可知,源
于理性的情感更有力量。

同时合在一起来激发一个情感的原因越多,这个情感的力量
就越大。多个同时的原因要比少数的原因更有力量。

两个情感力量相当,一个跟许多不同的原因相联系,另一个
只跟一个或很少的原因相联系,那么前者要比后者害处较少,让
我们感受的痛苦也较少,被每个原因的激发也较少。一种情感只
有在其能够妨碍精神的思想时,才可以说是有害的。如果一种情
感能够让精神去同时考察许多事物,它就要比另一个同样有力、
却只能让精神考察单一或较少事物的情感危害较小。精神的本质
即精神的力量完全是由思想构成的。因此精神由前一种情感所感

受到的痛苦要比后一种情感少。前一种情感跟许多外因相联系，精神由每个原因感受到的激发显然比后一种情感少。

只要不被违反我们本性的情感所困扰，我们就有力量按照理性的秩序来安排身体的感触。违反我们本性的情感是恶的情感，它们会妨碍精神的理解力，克制按照理性来安排的情感，要比克制那些不确定的情感花费更大的力气。我们应该确立一种正确的生活信念，时刻牢记在心，不断地运用它来指导日常生活，从而让我们的想象力深受影响。例如，这样的生活信念是"以德报怨"，我们应该经常想到人们互相侮辱的情况加以深思，把关于侮辱的想象同这一信念联系起来，让这一信念真正活跃在我们心中。如果我们能够考虑到自己真正的幸福，由人们的友善产生的幸福，牢记通过正确的信念以保持精神的宁静，洞悉人之行动的必然性，那么源于这一必然性的侮辱或怨恨就会在我们的想象中占极小的分量。因此比较容易克服。又如，为了消除恐惧的情感，我们应该了解意志的力量，经常想象生活中常会遇到的危险，并且经常思考怎样才能运用我们的机智勇敢来最好地避免或克服这些危险。

值得注意的是，在整理思想和意象时，我们应该着意观察事物善的方面，这样就可以总是用快乐的情感来决定我们的行为。例如，一个人在追求荣誉时太急功近利，他就应该停下来好好想一想，怎样对待荣誉才是正当的，怎样的目的和方法才是正确的，而不要去想那些滥用荣誉及其他不着边际的事情。因为那些事情是只有精神病态的人才会常常去想的。一旦有了这种病态思想，在追求荣誉失败时，他们就会以此来发泄自己的不满，看起来好像什么都明白，实际上是在自寻烦恼。那些痛斥滥用荣誉和人事无常的人，恰恰是追求荣誉最为迫切的人，这是我们常常可以见到的事实。不仅好名者有这种病态心理，所有那些运气不好、精神软弱的人都有这样的毛病。有些贫穷的人却很贪财，他们往往会大声痛斥金钱的滥用和为富不仁，结果除了表现出自己的心胸狭隘、既不能安贫又很仇富之外，只能徒增烦恼。同样的，有的人遭到被爱的人拒绝，就大肆攻击女人在爱情上不专一、态度暧昧等毛病，然而只要对方的态度有所改变，开始对他示好，他的说法马上就改变了。

因此，只要是为了自由而努力克制自己的感情和欲望的人，都会尽可能地理解道德及其形成的原因，让自己的精神充满由正确的道德知识而产生的愉悦之情；但他一定不会对他人的缺点吹毛求疵，不会轻视他人，不会因表面的虚假的自由而沾沾自喜。这样，他就可以在很短的时间内让自己大部分的行为都在理性的指导之下。

好感并不违反理性，它可以符合理性并且从理性中产生出来。好感是对做了利他之事者的爱。好感可以跟主动的精神联系在一起，也就是可以跟理解的精神联系在一起，与理性相符合。一个按照理性的指导生活的人，他在为自己追求善的同时，也愿意为他人去追求。在看到一个人行善时，他就会增强为自己做善事的力量，他会感到快乐；而他的快乐跟对那行善之人的观念联系在一起。因此，他会对那人有好感。跟好感相反的情感是愤怒，愤怒必定是恶。然而一个国家的最高权力机构为了维持公共治安，惩罚一个伤害他人的公民，这并不是对这个公民表示愤怒。它惩罚这个公民并不是由于恨的情感，而是在履行自己的职责。

自我满足可以源于理性，只有源于理性的自我满足才能达到最高程度。自我满足是一个人由于觉察到自己及其活动能力而产生的快乐。然而一个人的真正的活动能力或美德就是理性，而理性就是他能够清晰考察的对象。而一个人在考察自己时，能够清晰感知的只有来自其活动能力或理解能力的东西。因此最大的满足只能是源于理性的考察。自我满足是我们最希望达到的目的，因为每一个人尽可能地保持自身存在，就是为了做到这一点。

谦卑不是一种美德，它不是源于理性。谦卑是由于一个人觉察自己的软弱无能而产生的痛苦。如果一个人能够用理性来了解自己，他就能够了解自己的本质或能力。当他觉察自己软弱无能时，这一认识不是由于他了解自己，而是由于其活动能力受到阻碍。因此谦卑不是源于理性或真理的考察，不是一种美德，而是一种被动的情感。

后悔不是一种美德，它不是源于理性；相反的，一个对自己的作为后悔的人是双倍的苦恼或软弱无能。一个对自己的作为后悔的人不但被恶的欲望所支配，而且被痛苦的情感所困扰。既然人们很少按照理性的指导而生活，那么谦卑、后悔以及希望、畏惧等情感对他们反而利多弊少。既然人们难免有过错，那么在犯错之后应该有这种情感跟他们联系在一起。如果所有精神软弱无能的人都骄傲得不行，恬不知耻，也不知畏惧，他们就根本无法结合在一起生活。最可怕的事情就是一大群人既无知又无畏。因此许多有先见之明的人不是从个人利益考虑，而是为公共幸福着想，总是大力提倡谦卑、忏悔和敬畏。实际上被这些情感控制的人比较容易接受他人的领导，以后有可能按照理性指导生活，他们有可能成为自由人而享受幸福的生活。

一个人表现出最大的骄傲和最大的自卑，那是表明他对自身最大的无知，还表明他在精神上处于最软弱无能的状态。道德的根基在于遵循理性的指导来保持自己的存在。一个不了解自己的人就是不了解所有道德的基础，也就是不了解任何道德。按照道德行事就是按照理性的指导行事，而一个按照理性行事的人必定知道自己按照理性行事。而骄傲和自卑的人最容易被情感所控制。不过自卑与骄傲相比，更容易得到改正。因为自卑是痛苦的情感，骄傲是快乐的情感，骄傲要比自卑强烈得多。

骄傲的人喜欢那些依附于他或向他献媚的人，而厌恶高尚的人。骄傲是由于自己把自己看得太高而产生的快乐。骄傲的人必定尽可能地维持这种自我崇拜的状态。因此他必定喜欢那些依附于他或向他献媚的人，而厌恶那些对他有着正确评价的高尚之人。这里还须提及的是，有些骄傲的人是把他人看得太低，从这个意义上说，骄傲就是由于一个人错误地自以为高于他人而产生的快乐。而跟骄傲相反的自卑就是由于一个人错误地自认为不如他人而产生的痛苦。尽管自卑跟骄傲是相对立的，实际上却跟骄傲最为接近。自卑者的痛苦是源于借助他人的能力或美德来判断自己的软弱无能，如果他在想象中专门去找他人的毛病和缺点，他的痛苦必定会大大减少，甚至感到快乐。因此有谚语说："只见他人不如我，快乐之情暖心窝。"相反的，他越是感到自己不如人，就越是感到痛苦。自卑者是最容易有嫉妒之心，他们注意他人行为的目的就在于可以挑出毛病予以指责。

荣誉并不违反理性，它可以源于理性。我们所说的虚荣，只是一个人借助于众人的意见而产生的一种自我满足。一旦这种意见消除，这一自我满足也就随着消除。他爱好的最高的善也随着消除。因此，只要是从大众的意见中追求荣誉的人，必定是殚精竭虑，日夜操心，以求保持自己的荣誉。人们的态度是多变的，如果一个人不想方设法保住自己的荣誉，他的名声就会转瞬即逝。正因为人人都想获得众人的称赞，彼此之间很容易互相压制和诋毁，最后发现，所谓的荣誉只是建立在损毁他人的基础之上。因此这种荣誉或自我满足实际上是虚幻的，不是真正的满足，只能说是虚荣。

羞耻也跟怜悯一样，尽管不是一种美德，但一个人由于有羞耻之心，还可能产生过高尚生活的愿望，这就可以说是善的，就像痛苦表明一个人还没有因为受伤而麻木，那么痛苦也可以说是善的一样。因此，一个人对自己的行为感到羞耻，尽管对他是一种痛苦，然而比起那些没有过任何高尚生活愿望的无耻之徒在精神上是完满得多了。

——《伦理学》

5.人为什么会受自己情感的制约

　　世界上没有任何事物不会被另一个更为强大的事物所超越或者毁灭。

　　一个错误的观念里包含的肯定成分不会仅仅由于单纯的正确观念之出现而被消除。错误是由于知识有缺陷,而知识的缺陷就包含在不正确的观念之内;不正确的观念并没有任何肯定成分,这样才可以称之为错误。相反的,从这些观念跟神相联系的角度看,它们也可以被称为正确的观念。如果一个错误观念所包含的肯定成分,仅仅由于单纯的正确观念之出现而被消除,那么就等于说正确观念会自己消除自己,这是说不通的。一个想象就是一个观念,它是表现人身体现在的状况,而不是表现外部事物的性质,而且这种表现是模糊不清的。这样,人们就说精神有错误了。例如,当我们看太阳时,总是想象太阳离我们很近,也许只有几百米;只要我们不知道它离我们的真正距离,就总会被这种幻觉所欺骗。在我们知道太阳的真正距离后,这一错误也许是被消除了,然而想象却并没有被消除——根据我们身体的感受来说明太阳的性质而产生的观念并没有被消除。因此,尽管我们知道太阳真正的距离,仍会想象太阳离我们很近。我们之所以想象太阳距离我们很近,并不是因为我们不知道太阳真正的距离,而是因为精神只凭借身体的感受来想象太阳的距离。阳光照射在水面上,又由水面反射到我们眼睛里,我们明明知道太阳是在天空中,却仍然想象它是在水里面。无论这些想象是在表现身体的自然状况,还是增强或减弱身体的活动能力,它们都不违反真理;即使在我们认识真理之后,它们也不会因此而被消除。确实有这样的情况:我们毫无理由地害怕某种灾祸降临,在得到正确的信息后,这种恐惧就被消除了；但也有相反的情况，有时一个错误的信息也会消除我们的恐惧。由此可见，想象并不因为单纯的真理之出现而被消除，而必须有更为强烈的想象才能够消除原先想象的对象之存在。

只要我们是自然的一部分，在自然中我们无法离开其他事物，我们就是被动的。如果在我们当中发生什么事情，而我们只是它的部分原因，那么它就不能单纯由我们本性的法则推出，我们就是被动的。

人用来保持其存在的力量是有限的，而由外因产生的超出它的力量是无限的。如果这里有一个人，必定有其他事物A比他更为强大；如果这里有事物A，必定有另一个事物B比它更为强大；以此类推，以至于无穷。

一个人不可能不是自然的一部分，不可能不被动地感受变化；他的所有活动仅仅由其本性获得理解，或者以他自己作为正确的原因，这也是不可能的。一个人用来保持其存在的力量是神或自然，这不是就神是无限的角度来说的，而是指神可以通过人的现实本质而获得说明。就此而言，人的力量是神或自然的无限力量的一部分，是神或自然本质的一部分。如果一个人的活动可以仅仅由其本性而获得理解，而不是被动地感受任何变化，那么他就会永远地必然地存在，而他的必然存在又是出于神的无限力量，这个人将是无限的。但这显然是说不通的。由此推论，人必定常常受到情感的制约，服从自然的共同秩序，让自己尽可能地适应事物本性的要求。

任何情感的存在和增减变化都不是由我们自身的力量所决定，而是由外因的力量和我们自身的力量之比较来决定的。

人的某一欲望或情感的力量有可能超出其他所有行为或力量，以至于让他被这一情感所束缚。任何情感的存在和增减变化都是由外因的力量和我们自身的力量之比较来决定。因此可以超过人的力量。

一种情感只能被另一种跟它相反、更为强烈的情感所克制或消除。情感是精神用来肯定其身体具有较以前或大或小的存在力量之观念。因此，只要精神受到任何情感的刺激，身体也会同时受到某种感触，从而使得身体活动力量增强或减弱。这种身体的感触保持其存在的力量是自因的，除非有另一种相反而更为强烈的情感来刺激身体，这种感触就不可能被克制或消除。在这种情况下，精神才会感到一种相反而更为强烈的情感，从而克制或消除前一种情感。

如果一个人被欲望所控制，他就不是跟本性相符合的。只要是跟本性相符合的东西，就是从力量上看是相符合的，而不是由于软弱无能而相符合。因此他也不是由于欲望而相符合。一个人被欲望所控制，他就不是跟本性相符合的。如果我们说黑和白相符合之处在于二者都不是红色，这就等于说黑与白之间没有任何相符合之处。同样的，如果我们说石头和人相符合之处在于它们都是有限的，都是软弱无能的，或者都不是源于本性之必然而存在的，或者都是无限地被外因所支配，这就等于说石头和人之间毫无相符合之处。这是因为，在事物之间，只是在否定性方面相符合，它们就是毫无相符合之处。

对于被欲望所激发的人们来说，他们的本性是不同的；对于一个被欲望所激发的人来说，他的本性前后是不同的。情感的本质不是单独通过我们的本质而得到解释，必须通过外部的力量，也就是通过外因的本性跟我们的本性相比较来决定。因此，有多少种事物激发我们的情感，就有多少种情感；而且人们在不同情况下受到同一个事物的激发，他们的本性也会各不相同。同一个人可以在种种不同情况下受到同一个事物的激发。因此他的本性前后也会发生改变。

被欲望所激发的人们会互相对立。一个人由于有了另一个人所恨之物或者有了另一个人也爱却没有的东西,就可能招致后者的嫉恨,他也可能因此而恨后者。因此他们会尽可能地互相伤害,也就是互相对立。痛苦永远是一种被动的情感。因此只要人们为它所激发,就可能互相对立。

只有按照理性指导生活,人们的本性才可能相符合。只要被欲望所激发,人们的本性就会不同,他们就会互相对立。然而人们只有按照理性的指导生活才是主动的。每个人都按照自己的本性去追求自以为善的,而避免自以为恶的,而只有根据理性的指导才能判定真正的善恶。因此他们只有按照理性指导生活,才可能做出有利于他人的事情即符合自己本性的事情来。世界上没有任何东西比按照理性指导生活更有利于人。因为对于一个人最有利的就是本性与自己相符合,也就是他的自我澄明。只有在他按照理性的指导生活时,他才可说是绝对地按照自己本性的法则而行动,并且只有这样,他才能必然地跟他人的本性相符合。每个人越是追求自己的利益,就越是互相有利。一个人越是能够追求自己的利益并保持自身存在,他就越有美德,或者说越是具有力量,越能按照自己本性的法则行动,也就是越能按照理性指导生活。只有当人们按照理性的指导生活时, 他们的本性才最相符合。因此,每个人越是追求自己的利益,人们就越是互相有利。

上面所说的内容,在日常生活中也常常得到证明。例如谚语说:"对于他人来说,每个人都是一尊神。"这成了人们常说的话。不过人类能够真正按照理性指导生活的却只占少数;相反最常见的是人跟人之间互相嫉恨、互相伤害。然而人们毕竟难以忍受孤独的生活。因此大多数人还是同意"人是社会的动物"这一说法。实际上在人类共同的社会生活中还是利多而弊少。尽管玩世不恭者瞧不起人世间的纠纷,看破红尘者斥责人们互相钩心斗角,悲观厌世者盛赞原始愚昧之可爱,历史的经验却告诉我们,只有人和人的互相帮助才能让他们各取所需,只有人群联合的力量才能让人们避免那些随时威胁其生存的灾难。

——《伦理学》

6.快乐与痛苦

如果精神曾经同时被两种情感所激发,那么以后当精神被其中一种情感所激发时,也会被另一种情感所激发。如果人的身体曾经同时被两个物体所激发,那么后来当精神想象其中一个物体时,也会同时回忆起另一个物体。而精神的想象更多的是表明我们身体的状况而不是外部事物的性质。人的身体连带着人的精神,如果曾经同时被两种情感所激发,那么以后当精神被其中一种情感所激发时,也会被另一种情感所激发。

任何事物都可以成为快乐、痛苦或欲望的原因,而这种情况往往是偶然的。如果精神同时为两种情感所激发,其活动力量并不因其中一种情感有所增减,却因另一种情感增强或减弱,那么精神就因后一种情况而感到快乐或痛苦;而后一种情感之所以成为精神快乐或痛苦的原因,并非由于它本身的性质,而是由于偶然性。它成为欲望的原因,道理也是一样的。由此可以推论,仅仅就我们曾根据快乐或痛苦的情感对某一事物加以考察的事实来看,尽管该事物不是产生快乐或痛苦的原因,我们仍然会爱它或恨它。当后来精神想象这一事物时,曾产生快乐或痛苦的情感,也就是精神或身体的力量有所增强或减弱。因此精神或者乐于想象该事物,或者不愿想象它,这就是说,精神爱它或恨它。现在我们明白了,为什么有时我们爱或恨某种东西,只是由于一般的同情或厌恶,并不知道真正的原因。另外,有许多东西之所以让我们产生快乐或痛苦的情感,完全是由于它们跟平时引起我们快乐或痛苦的东西有些类似。

　　如果我们想象某个事物具有与平时引起精神快乐或痛苦的东西类似的性质,尽管这种类似性并非这些情感的原因,我们仍会因此而对它产生爱或恨的情感。只要精神受到这种类似性意象的激发,就会产生痛苦或快乐的情感,而我们看到它偶然地造成快乐或痛苦,尽管不是真正的原因,仍然会对它产生爱或恨的情感。

　　如果想象一个通常会激起我们痛苦情感的事物,跟一个通常会激起我们快乐情感的东西有类似的地方,我们对该事物就会既恨又爱。这个事物本身就是我们痛苦的原因,而且只要我们想象它,就能产生痛苦的情感,因此我们恨它;而当我们想象它跟一个通常会激起我们快乐情感的东西类似,那么我们就会爱它。因此我们对它既爱又恨。这种由两种矛盾的情感造成的精神状态称为情感波动。

　　一个人由过去或将来的事物之意象产生的快乐或痛苦情感,跟由现在的事物之意象产生的情感是同样的。一个人被某个事物的意象所激发,即使该事物并不存在,他也会以为它就在眼前;只有在其形象跟过去或将来的意象相联系时,他才会想象该事物是在过去或将来。因此,无论是跟过去、将来或现在的时间相联系,该事物的意象都是同样的。换言之,无论这意象是过去、将来或现在的事物,所产生的情感或身体状况都是同样的。

　　由此我们可以知道希望、恐惧、信心、失望、欣慰、悔恨的性质。希望就是一种由将来或过去的事物之意象产生的不稳定的快乐,我们对这一事物的结果持怀疑态度。相反的,恐惧是一种由可疑的事物之意象产生的不稳定的痛苦。如果将怀疑从这两种情感中消除,那么希望就变成信心,恐惧就变成失望,变成由我们所希望的或恐惧的事物之意象产生的快乐或痛苦。欣慰是一种由过去的事物之意象产生的快乐,而我们曾经怀疑过该事物的前景。悔恨则是一种跟欣慰正好相反的痛苦。

一个人想象自己所爱的事物被消除时会感到痛苦，相反的，他想象自己所爱的事物还存在时会感到快乐。精神总是尽可能地想象那些能够增强身体活力的事物之存在，它总是尽可能地想象自己所爱的事物。但肯定该事物存在的意象可以增强想象力，而否定其存在意象可以减弱想象力。因此，只要是肯定所爱事物存在的意象就能够帮助精神想象所爱的事物，这种意象能够让精神产生快乐。相反的，只要是排斥所爱事物存在的意象就能够阻碍精神想象所爱的事物。也就是说，这种意象能够让精神产生痛苦。

一个人想象自己所恨的事物被消除时会感到快乐。精神总是尽可能地想象消除那些能够减弱身体活力的事物之存在，它总是尽可能地想象消除自己所恨的事物。因此，只要是可以消除精神所恨事物的意象就能够帮助它这样去做，这种意象能够让精神产生快乐。

一个人想象自己所爱的事物感到快乐或痛苦时，他也会随着感到快乐或痛苦，其快乐或痛苦的程度跟所爱事物快乐或痛苦的程度是同样的。

如果想象一个人对我们所爱的事物感到快乐，我们会对他有一种爱的情感；相反的，如果想象他对我们所爱的事物感到痛苦，我们会对他有一种恨的情感。

一个人想象自己所恨的事物感到痛苦时，他会感到快乐；相反的，想象自己所恨的事物感到快乐时，他会感到痛苦。他感到快乐或痛苦程度的大小跟他所恨的事物相反的情感是同样的。这是因为，只要被恨的事物感到痛苦，它就要被消灭，痛苦越大被消灭的程度就越大。因此，一个人想象自己所恨的事物感到痛苦时，他会感到快乐；他想象这事物感到的痛苦越大，他感到的快乐也越大。快乐的情感会肯定感到快乐的事物之存在，越是感到快乐，就越是能够肯定感到快乐者的存在。因此，一个人想象自己所恨的人感到快乐，这一想象会妨碍自己去追求快乐。也就是说，他会感到痛苦。想象自己所恨的人感到的快乐越大,他感到痛苦的程度也就越大。

如果想象一个人对我们所恨的事物感到快乐,我们会恨他;相反的,如果想象他对我们所恨的事物感到痛苦,我们会爱他。这种恨的情感属于嫉妒。因此嫉妒就是一种恨的情感,它表现为对他人的坏事感到快乐,对他人的好事感到痛苦。

如果想象有什么事物能够让我们所爱的人快乐,我们就会去肯定它;相反的,如果想象有什么事物能够让我们所爱的人痛苦,我们就会去否定它。只要想象能够让我们所爱的人快乐或痛苦的事物,就会让我们感到快乐或痛苦。然而精神总是尽可能地去想象能够让我们快乐的事物。也就是说,将它看成就在眼前。相反的,精神总是尽可能地排斥能够让我们痛苦的事物之存在。因此,我们想象有什么事物能够让我们所爱的人快乐,我们就会去肯定它,反之就否定它。

在恨一个东西时,只要是想象能够让其痛苦的事物,我们都会去肯定它。相反的,只要是想象能够让其快乐的事物,我们都会去否定它。由此可知,一个人很容易对自己所爱的人评价过高,而对自己所恨的人评价过低。对自己评价过高而产生的快乐是骄傲;对他人评价过高产生的快乐是过奖;对他人评价过低而产生的快乐是轻视。

要想象能够增强快乐的东西,我们就会尽可能地实现它;相反的,只要想象能够产生痛苦的东西,我们就会尽可能地消除它。我们尽可能地想象那些能够增强快乐的东西,尽可能地把它看成就在眼前或者是真正的存在。然而精神的力量跟身体或行动的力量是同样强大的,而且是同时的。因此,只要是能够产生快乐的,我们总是尽可能地让它存在。反之,则尽可能地消除它。

如果一个人做了某件事,想象它会让他人快乐,那么他自己也会感到快乐,并意识到自己是这快乐的原因;相反的,他做了某

件事,想象它会让他人痛苦,那么他也会感到痛苦,并意识到自己
是这痛苦的原因。

——《伦理学》

7.爱与恨

如果想象有人对我们所爱或所恨的东西也爱或恨,我们就会
更加爱或恨这个东西。相反的,如果想象有人爱我所恨的东西或
恨我所爱的东西,我们就会有情感波动。由此推论,每个人都尽可
能地让他人爱其所爱,恨其所恨。这种想法就是一种野心。如果大
家都这样做,他们反而会互相妨碍甚至仇恨。

如果爱一个跟我们相同的人,那么我们会尽可能地让他反过
来也爱我们。我们尽可能地想象我们所爱的人要超出其他任何事
物。如果这个人跟我们相同,那么我们会尽可能地让他的快乐要
超出其他任何事物,尽可能地让他感到快乐,并同我们自身的观
念联系在一起,我们会尽可能地让他反过来爱我们。

如果有人想象自己所爱的人跟另一个人的友谊要超过跟他
的友谊,他就会恨他所爱的人,并嫉妒另一个人。一个人想象自己
所爱的人对他的爱越强烈,他就感到越荣耀。也就是说,他就感到
越快乐。因此他尽可能地想象所爱的人跟自己的亲密友谊。如果
他想象另一个人也想获得这种友谊,那么他就更加希望加强这种
友谊。如果这种希望被所爱的人和另一个人的形象所妨碍,他会
感到痛苦。也就是说,他会对所爱的人产生恨的情感,同时对另一
个人产生嫉妒的情感。这种跟嫉妒联系在一起的对所爱者的恨是
猜忌。因此猜忌就是由于同时感到爱和恨而产生的情感波动,与
之相联系的还有对另一个人嫉妒的观念。这另一个人同他所爱者
之间的爱产生的快乐越大,他对所爱者的恨也就越大。这种恨的

情感之激发往往是由于对女人的爱。一个人想象自己所爱的女人委身于他人,他不仅会因自己的欲望被妨碍而烦恼,还会讨厌她。

如果一个人开始恨自己所爱的人,这时不仅完全没有爱,而且对他的恨要比从未爱过他更为强烈;以前对他的爱越是强烈,这时对他的恨也越是强烈。如果一个人开始恨自己所爱的人,这对其欲望的阻碍比从未爱过他更为严重。因为爱是一种快乐,人总是尽可能地去保持这种快乐。他对于所爱者的爱越是强烈,他保持这种快乐的努力也就越大。然而这种努力被对所爱者的恨阻碍,因此他感到痛苦;他的爱越是强烈,他所感到的痛苦也就越强烈。除了由恨而产生的痛苦之外,还要加上由于他曾经爱过对方而产生的痛苦,因此他会以更大的痛苦去思恋所爱的人;以前对之所爱越是强烈,这时对其所恨也越是强烈。

如果一个人恨另一个人,他会尽可能地伤害对方,除非他害怕由此让自己受到更大的伤害;相反的,如果一个人爱另一个人,他会尽可能地让对方获得幸福,除非他害怕由此让对方失去更大的幸福。恨一个人就是想象那人是自己痛苦的原因。因此,恨一个人就会尽可能地伤害或消除他。如果害怕由此会让自己受到更大的伤害,也就是产生更大的痛苦,就会放弃这一想法。因为这时不去伤害对方的欲望要比伤害对方的欲望更为强烈。相反的情况也可以用同样的方法去证明。

善是指所有能够增强快乐的东西,特别是能够满足欲望的东西;恶是指所有能够增强痛苦的东西,特别是能够阻碍欲望的东西。我说过,我们并不是由于断定某个东西是好的才希望得到它;恰恰相反,由于我们希望得到它,才说它是好的。因此,只要是我们厌恶的事物,我们都称之为恶。每个人都是按照自己的情感来判断善恶以及善恶之大小。贪婪者认为有钱就是善,无钱就是恶。爱慕虚荣者认为荣誉就是善,耻辱就是恶。心怀嫉妒者认为他人的不幸就是善,而他人的幸福就是恶。

如果一个人想象有人恨自己,而且相信自己没有什么可以让人恨的,那么他也会恨这个人。如果一个人想象他人对自己怀恨在心,那么他也会产生恨的情感。也就是说,他会感到由一个外因的观念而产生的痛苦。然而除了恨他的人之外,他想象不出还有其他让自己痛苦的原因,他所感到的痛苦都是恨他的人造成的。也就是说,他也会恨这人。如果他想象别人恨他确实有正当的理由,他会感到羞愧。然而这种情况很少发生。

如果一个人想象自己所爱的人恨他,他会同时被爱和恨的情感所困扰。他想象这人恨他,他决定用恨去报复对方;同时他仍然爱对方。因此他必定会被爱和恨的情感所困扰。同样的,如果一个人想象自己所恨的人爱他,他也会同时被爱和恨的情感所困扰。

如果一个人想象有人爱他,但他并不认为自己有什么可以让对方爱的,那么他也会爱这个人;如果他认为自己有让对方爱的地方,那么他会以此为荣耀。这种互相的爱被称为感谢。

一个人由于爱或希望获得荣誉而给予他人恩惠,如果他看到自己的恩惠得不到回报就会感到痛苦。当他爱一个跟自己相同的人时,他将尽可能地让对方以爱来回报他。如果他由于爱而给他人以恩惠,那么他就会有一种要对方以爱来回报自己的欲望。他有一种获得荣誉或快乐的希望。因此他会尽可能地想象这荣誉的原因;然而他看到的是排斥这原因的存在,因此感到痛苦。

恨会因为互相的恨而增强,也会被爱所消除。如果一个人想象自己所恨的人也以恨来报复他,他就会产生一种新的恨,而原先的恨仍然存在。相反的,如果他想象自己所恨的人以爱来回报他,他就会感到快乐,并且会尽可能地让对方快乐。他不再恨对方,不再让对方痛苦。如果产生的爱之强烈程度大于恨的情感,原先的恨就会被消除。

由于想象我们所恨的人被损害或消除所产生的快乐,必定会伴随着某种痛苦的情感。只要想象一个跟我们相同的人感受痛苦,我们自己也会感到痛苦。即使这人不再存在,我们回忆起来还是会把他看成就在眼前,因此我们的身体或会有同样的感触。只要关于这人的记忆还存在,我们就必定一想起他来就感到痛苦,尽管同时我们还有一些能够排除他的回忆,让我们感到快乐,但并不能让这种痛苦完全消除。

对于一个我们想象是自由的东西之爱或恨,必定要比一个必然的东西之爱或恨强烈。由此推论,人类互相的爱或恨必定要比对其他事物的爱或恨强烈,因为他们认为自己是自由的。

——《伦理学》

五、我看道德

1.善恶与本质

　　只要是源于理性的努力,都会只要求理解而不计其他;而精神在运用理性时,也会认为能够增进理解的东西才是有利的。保存自我的努力就是一个事物本质自身,它既然已经存在,就有能力保持自己的存在。然而理性的本质就是精神能够清晰地理解。因此所有源于理性的努力都只要求理解而不计其他。此外,这种运用理性来思考的精神尽可能地保持其存在, 也就是努力去理解;这种朝向理解的努力是美德唯一的基础;精神在运用理性思考时,认为能够增进理解的东西才是善的。

　　那些能够增进我们理解的东西才是善的,而那些妨碍我们理解的东西就是恶,此外再无其他的善或恶。运用理性来思考的精神,除了要求理解外没有其他欲望;除了认为能够增进理解的东西是有利的以外,也不承认还有其他的善。然而只有在精神具有正确的观念,或者说只有精神能够运用理性来思考时,它才具有确定性。因此,除了真正能够增进理解的东西以外,我们无法确定还有什么是善;而除了妨碍我们理解的东西以外,我们也无法确定还有什么是恶。

　　精神最高的善是关于神的知识,精神最高的美德是对神的认识。精神所能理解的最高的东西就是神,也就是绝对无限的存在;没有神就没有任何东西存在,也没有任何东西可以被认识。因此,最有利于精神或精神最高的善就是关于神的知识。此外,精神只有在其能理解时才是主动的,或者说它是遵循美德而行动的。因此精神的绝对美德就是理解。而我们已经说过,精神所能理解的最高的东西是神。因此精神最高的美德就是理解神或认识神。

只要是跟我们的性质完全不同的个别事物,既不能增加我们的活动力量,也不能妨碍它;这样的事物对我们来说既不是善,也不是恶。某一个别事物的力量也就是人用来存在和行动的力量,只可能被另一个别事物所决定,然而要理解这一个别事物的性质则必须跟理解人的性质借助于同一种属性。因此,我们活动的力量。只可能被另一个具有跟我们相同性质的个别事物的力量所决定,也就是被它增强或减弱,而不可能被一个性质跟我们完全不同的事物的力量所决定。但一个事物之所以被称为善或恶,是由于它是快乐或痛苦的原因。也就是说,是由于它增强或减弱了我们活动的力量。因此一个性质跟我们完全不同的事物,对我们既不是善,也不是恶。

一个事物不可能由于其跟我们的本质相同之处而对我们是恶的。相反的,只有它违反我们的本质的时候,才对我们是恶的。如果一个事物是产生痛苦的原因,减弱我们的活动力量,那么我们就说它是恶的。因此,如果一个事物由于其跟我们的本质相同之处而对我们是恶的,那么它就会减弱其跟我们的本质相同之处,而这是说不通的。

只要是符合我们本质的事物必定是善的。任何符合我们本质的事物都不可能对我们是恶的。因此该事物要么是善的,要么不善不恶。如果该事物不善不恶,那么从其本质推断不出任何有利于保持我们本质的东西,推断不出任何有利于保持它自己本质的东西。但这是说不通的。因此,只要是符合我们本质的事物必定是善的。由此推论,一个事物越是符合我们的本质,那么它就越是对我们有利,对我们越是善的;反过来说,一个事物对我们越是有利,那么它跟我们的本质就越是相符合。如果一个事物跟我们的本质不相符合,那么它要么是跟我们的本质不同,要么是与我们的本质相反。如果跟我们的本质不同,它对我们既不善也不恶;如果跟我们的本质相反, 它也会跟那些本质与我们符合的东西相反。也就是说,跟善相反,或者说它是恶的。因此,只有跟我们的本质相符合的事物才是善的, 并且一个事物越是符合我们的本质,那么它就越是对我们有利;一个事物对我们越是有利,那么它跟我们的本质就越是相符合。

——《伦理学》

2.自我保存即为善

在其他条件相同的情况下,源于快乐的欲望要比源于痛苦的欲望更加强烈。欲望就是人的本质自身,也就是人尽可能保持其生存的努力。因此,凡是源于快乐的欲望,人可以通过快乐情绪本身让其增强;而凡是源于痛苦的欲望,人也可以通过痛苦情绪本身让其减弱。这样,前者要比后者强烈。理性并不要求任何违反自然的东西,它真正要求的是每个人都爱自己,都追求自身利益,即追求真正对自己有利的东西,追求能让人更为完满的东西。在通常情况下,每个人都会尽可能地保持自己的存在。这些都是具有必然性的真理,就像整体大于部分这一命题是必然性的真理一样。

既然道德不是别的什么,只是按照自己本质行事;既然每个人只有按照自己本质行事才能保持其存在,那么我们可以做出如下推论:①道德的基础就是人保持自己存在的努力,而一个人的幸福就在于他能够保持其存在。②追求道德就是把道德作为自身目的;除了道德本身,世界上再无更有价值、对我们更有益处的东西。③自杀者是精神脆弱的人,他们完全被违反其本质的外在原因所制服。为了保持自己的存在,我们不可能对外部世界毫无需求,不可能离开外部世界而孤立求生。如果我们的精神是完全孤立的,除了自身以外毫无所知,我们的知识就不会像现在这样完善。外部世界有许多东西对我们是有益的,是我们应该去寻求的,其中那些跟我们本质相同的存在尤其具有价值。例如两个本质完全相同的人结合在一起,会构成一个新的个体,比他们各自单独存在时要加倍强大。除了人以外,没有其他东西对人更为有益。

　　在我看来,一个人要保持自己的存在,最有价值的事情就是尽可能地让所有的人都和平共处, 让他们的身心结合在一起,就像一个人的身心那样,大家团结一致,尽可能地保持其存在,追求公共的幸福。由此可见,那些按照理性的指导生活的人,也就是通过理性来寻求自身利益的人,他们所追求的东西也是他们为他人所追求的。因此他们具有公平、忠诚和高尚的特点。我的这一论述是为了驳斥某些人的观点, 在他们看来,"人人都追求自身利益"这一原则是造成灾难的根源,而不是道德的基础。我认为他们的观点跟事实正好相反。

　　一个人若是按照本质行事,必定会追求他认为是善的,而避免他认为是恶的。关于善恶的知识就是我们所意识到的快乐和痛苦的情绪本身。因此每个人必定追求他认为是善的东西,而避免他认为是恶的。而这种追求或欲望不是别的什么,就是人的本质。因此,如果只是按照本质行事,一个人必定会求善避恶。

　　一个人越是努力追求自身利益或保持自己的存在,他就越是有道德;如果他忽视了自身利益或自己的存在,他就是一个软弱无能的人。道德就是人的力量本身,这一力量只能被人的本质所决定,只能被人保持其存在的努力所决定。由此可见,没有人会不去努力追求自身利益或保持自己的存在，除非是外部的原因，他才会干出违反自己本质的事情来。例如，一个人可能被迫自杀，这有不同的方式。如果他右手握有一把刀，被另一个人扭转过来向他自己的胸膛刺去，这就是被迫自杀；或者一个臣子被暴君下令割开自己身上的血管，这也是被迫自杀。在这种情况下，他们是以承受较小的灾祸来避免更大灾祸发生。又如，有许多潜在的外部因素支配了一个人的想象，触动了他的身体，使他产生了一种违反其本质的性质，其观念是他的精神原本没有的，他才可能干出违反本质的事情来。由此可知，一个人按照其本质，是不可能消除自己的存在，或者把自己完全改变成另一种样子，这就像不可能无中生有一样。

一个人要求幸福和良好的行为，却并不同时要求保持生命，也就是要求真实存在的欲望，这是不可能的。人的欲望，无论是要求良好行为，还是要求幸福生活，都是人的本质，也就是人尽可能保持自己存在的努力。没有任何一个人可以要求幸福等，却不同时要求真实的存在。我们无法想象在自我保存之先还有什么道德。人保存自我的努力是道德唯一的基础。一个人如果被不正确的观念所决定而行动，他就是被动的，因为他这样做无法单独由其本质来获得理解，不是按照道德行事；如果他的行动是由正确的观念决定的，他就是主动的，因为他的做法可以单独由其本质得到理解，是按照道德行事。我们所说的完全按照道德行事，就是在追求自身利益的基础上，在理性的指导下，让我们的行动、生活和保持自己的存在统一起来。

只要能够让人的身体接受多方面的影响并能多方面地影响外部事物，就是对人有益的东西；它越是能够做到这一点，就越是对人有益。相反的，让人的身体不适于接受多方面的影响和多方面地影响外部事物，就是对人有害的东西；它越能做到这一点，就越对人有害。人的身体越是能够适应多方面的影响，其精神认识事物的能力也就越强,反之则越弱。

　　只要能够保持人身体各个部分运动和静止之间的比例的事物就是善的;相反的,改变这种比例的事物就是恶的。人的身体需要各种物质来保存自己,而人的身体能够形成,就在于这些物质成分按照一定比例来互相传达运动。因此,只要是能够保持人的身体各个部分运动和静止比例的事物,就可以保持人的身体之存在,并能够让其接受多方面影响的同时,多方面地影响外部事物,因此是善的。相反的,只要改变人的身体各个部分运动和静止比例,就可以毁灭人的身体。因此使之不能接受多方面影响,这样的事物就是恶的。这里需要说明的是,在我看来,人的身体各个部分运动和静止的比例一旦改变,它就已经死亡。尽管我不否认,这时人的身体还保持着血液循环以及其他一些特征,看起来好像还是活的,但实际上它的性质已经完全改变。因此我认为它已经死了。当然,按照人们通常的经验来看,这个人似乎是仍然活得好好的。有时一个人身上的变化是如此之大,以至于我们根本就无法说他是同一个人。我听过一个西班牙诗人的事情。他得了一场病,尽管后来得以恢复健康,却永远忘记了自己过去的生活,也不相信以前出版的那些小说和戏剧是自己写的,如果他连自己的母语也忘记了,那就真的变成一个大婴儿了。

　　只要能够引导人们参与共同社会生活、和平相处的事物就是有益的,而能够造成国家内部冲突的事物就是有害的。前者能够让人们按照理性的指导生活,因此是善的;而后者妨碍人们这样做,因此是恶的。

　　快乐直接来说并不是恶,而是善;而痛苦直接就是恶。快乐是能够增强或有助于身体活力的情感,而痛苦则是能够较弱或阻碍身体活力的情感。

　　愉悦的情感永远不会过分,它总是善的;而烦闷却总是恶。愉悦是一种快乐,而且是让我们身体各个部分都感受到同样的快乐,让身体的活力有所增强或得到帮助,身体各个部分运动和静止之间能够保持同样的比例。因此愉悦总是善,永远不会过分。而烦闷是一种痛苦,会让身体的活力减弱或受到阻碍,因此它总是恶。

快活由于过分而是恶,针对快活是恶这一点,忧愁就成了善。快活是一种快乐,而且是身体某些部分要比其他部分感受到特别多的快乐。快活的力量可以很大,甚至超出身体的活动,死死地缠绕着身体,使之难以适应多方面的影响,因此成为一种恶。而忧愁是一种痛苦,就其本身而言不是善,然而痛苦的强度是由外部原因的力量跟我们自身的力量相比较而决定的。因此它有不同的级别和种类,而忧愁的情感由于具有阻碍身体适应的能力,可以限制过分的快活。就此而言,忧愁可以是善。

爱情与欲望有可能过分。爱情是一种随着外因的观念而产生的快乐,因此可能过分。而欲望之强弱是按照它得以产生的情感来确定,既然某种情感可能超出人的另一种活动,那么由此而产生的欲望也可能超出另一种欲望,因此欲望也可能过分。

我所说的那种被称为善的愉悦之情,尽管想象起来不困难,在现实生活中却很难观察到。平时激发我们情感的大都是身体某一部分的感受要比别的部分特别多的那一种。因此往往都很过分,紧紧地束缚着我们的精神,使之只能进行片面的观察,而无法思考别的东西。

尽管人们往往受到许多情感的制约,但终其一生只被一种情感所支配的人并不很多;然而一段时间被同一种情感所紧紧纠缠的人也不少见。我们常常看到,许多人的情感被某个事物所激发,即使该事物当下并不存在,他们也确信它就在眼前;如果一个人处于这种状态时不是在睡梦之中,我们就说他是疯子或狂人。至于那些陷入热恋之中的人,没日没夜地思恋着情人,而不知有其他,我们也不得不说他们是处于癫狂之中。因为其行为是太可笑了。那些生性贪婪的人除了金钱之外不知有其他;那些爱慕虚荣的人除了名声之外不知有其他;那些人都习惯于做那些损害他人的事情,招人憎恶,并非疯狂所致;然而归根结底,像贪婪、虚荣、淫欲这些东西,尽管没有被人们看成是一种病症,实际上仍然是一种疯狂的表现。

——《伦理学》

3.善恶与情感

我们关于善和恶的知识不是别的什么,仅仅是我们所意识到的快乐和痛苦的情感而已。善或恶是指对保持我们的存在有益或有害的事物,也就是足以增强或减弱我们活动力的东西。只要感到某事物让我们快乐或痛苦,我们就称它为善或恶。因此,善和恶不是别的什么,仅仅是源于快乐和痛苦的情感之观念罢了。然而这种观念和情感自身的区别就像精神和身体的区别一样,仅仅是观念上的,我们关于善和恶的知识,仅仅是我们所意识到的情感自身而已。

如果想象一个情感的原因就在我们眼前,那么它就比另一个想象其原因不在我们眼前的情感更加强烈。我在前面曾说,一个人想象着就在眼前的事物所引起的情感,跟他想象过去或未来事物所引起的情感是一样的。这里是就事物的意象而言的,因为无论我们是否想象某个事物就在眼前, 其意象的性质都是同样的。但我并没有否认,当我们想象一个事物就在眼前,从而排斥另一个事物的当前存在时,这另一个事物的意象就可能变得较为模糊。

如果想象一个未来的事物很快就要到来,那么就比想象它到来的时间会很长,更能引起我们强烈的情感;同样的,如果一个事物刚刚过去,那么它就比另一个过去很久的事物更能引起我们强烈的情感。至于那些超出我们想象力范围的事物,尽管我们知道它们在时间上有长短之分,它们能够引起我们的情感同样都是微弱的。

如果其他情况相同,一个我们想象是必然的事物,要比一个我们想象是偶然的或无必然性的事物更能引起我们强烈的情感。只要想象某事物是必然的,我们就肯定它的存在;相反的,如果想象它无必然性,我们就否定其存在。

如果其他情况相同,一个我们知道它当下并不存在而想象它可能存在的事物,要比一个我们想象它是偶然的事物更能引起我们强烈的情感。如果我们想象它是偶然的,就不会有足以肯定其存在的意象引起我们的情感,反而会想象一些其他的事物来排斥其当下的存在;相反的,如果我们想象它是可能存在的,就必定会想象一些足以肯定其存在的事物,从而引起较为强烈的情感。

如果其他情况相同,一个我们知道它当下并不存在的偶然事物要比一个过去存在的事物引起我们的情感更为微弱。如果我们想象它是偶然的,就不会有足以肯定其存在的意象引起我们的情感,反而会想象一些其他的事物来排斥其当下的存在;相反的,如果我们想象它与过去的时间有关系,就会有一些回忆来激发起关于它的形象,让我们把它当成就在眼前那样来对待,从而产生较为强烈的情感。

善恶作为一种正确的知识并不能克制情感,它只有被当成一种情感时,才可能克制情感。所谓情感,是精神用来肯定其身体具有较前或大或小的存在力量的观念,它所包含的肯定成分不能仅仅凭借真理的出现而被取消。

由善恶的正确知识所产生的欲望,可能被许多其他激发我们情感的欲望所克制。善恶的正确知识作为一种情感必定会产生欲望,而欲望的大小则依照它所来自的情感强弱而定。这一欲望是来自我们自身,只能就我们的本质来加以理解,其大小完全由人的力量所决定。而其他激发我们情感的力量则来自外部原因,这种外部原因的力量要大大超过我们自身的力量,由此产生的欲望更为强烈,就能克制由善恶的正确知识所产生的欲望。

由善恶的正确知识所产生的欲望,尤其是该知识仅仅跟未来相联系,很容易被那种对眼下惬意的事物的欲望所克制。由善恶的正确知识所产生的欲望,尤其是该知识仅仅跟偶然的事物相联系,很容易被那种对眼下存在的事物的欲望所克制。

说到这里,我相信自己已经说明,在通常情况下,为什么人们往往只受自己意见的支配,而很少受理性的指导;为什么善恶的正确知识往往会造成人们精神的冲突,并被种种欲望所克制。因此诗人发出感慨地说:"眼能见其善,心也能知之;行却行恶事,心不能自持。"那些宣扬教义的人说"知识越多,痛苦就越深",其意思也是一样的。我说这些话并不是要得出一个"无知胜于有知"的结论,而是想表明,从克制欲望的角度看,聪明人和愚笨者并没有什么区别;对于人性之强大和它的薄弱,我们都必须有同样的了解,这样我们才能搞清楚,在克制情感方面,哪些是理性可以起作用的,哪些它是无能为力的。我们在这里只是考察了人性薄弱之所在,至于理性能够克制情感的方面则留待以后讨论。

——《伦理学》

4.善恶与完满

在我看来,如果一个人无力控制自己的情感,他就是处于被奴役的状态。他一旦被情感所支配,就失去了自主行动的权利,而听凭命运的摆布。在命运的摆布下,有时尽管他明明知道什么是善的,却偏偏去做恶事。为了解释这一现象,我想先讨论一下完满的问题,以及完满跟善恶的关系。

如果一个人想去做某件事并且已经完成了它,我们就称他的工作为完满,不仅他自己会这样看,就是其他任何人,如果知道他的想法是什么,都会称他的工作为完满。例如,我们看到一栋房屋还在建筑之中, 如果我们知道主持其事者的目的是要建成它,我们就会说这栋房屋还不完满;如果我们看到它已经建成,就会说它是完满的。然而当我们看到的是一个从未见过的工程,并且对主持工程者的意图一无所知,我们就无法断言它是完满还是不完满。这应该是完满一词最初的本意。

后来人们逐渐形成了一种普遍观念,头脑中有了某些房屋、楼阁、殿堂等的模型,并且喜爱某些模型而厌恶另一些模型。因此,只要某个东西符合一个人对其模型的观念,他就称它为完满;如果它不符合他对其模型的观念,尽管它按照其制作者的本意是已经完成的,他仍然会称它为不完满。这就是完满这一观念被运用在非人造的自然事物中的唯一原因。人们总是习惯于对世界上的事物构成一种普遍观念, 并且把这种观念当成该事物的模型;他们还相信,自然是有目的地创造事物,其模型就是自己对它的观念。因此,当他们看到某个自然事物不符合这一观念时,就认为自然本身有缺陷或过失,导致该事物不完满。由此可见,把完满这一观念运用到自然事物中,来源于人们的成见,而不是由于对自然事物真相的认识。

我已经说过,自然的运动并没有什么目的;我称之为神或自然的就是那个永恒无限的本质,它的运动源于它之所以存在的必然性;神的运动跟神的存在一样,都是源于自然的必然性。神或自然运动的原因或根据跟存在的原因或根据是一样的;既然神不为什么目的而存在,它也不为什么目的而运动。因此,这里所谓的自然目的不是别的什么,只是人的意愿而已。例如,当我们说供人居住是这个房屋或那个房屋的目的时,这只是表明,由于我们想象着家庭生活的舒适宜人,就产生了建造一个房屋的欲望。因此将建造一个房屋作为目的,只是一种特殊的欲望,它导致了这个房屋的建造;人们之所以把它当成第一原因,是由于他们往往不知道自己欲望的原因是什么。我经常说,尽管人们意识到自己的行为和欲望,却不知道决定其种种追求的原因。他们认为自然也有缺陷或过失,创造了不完满的事物,这种成见只是出自他们的想象。

所谓完满和不完满只不过是一种思想形式,也就是我们由于习惯把同类的个体事物加以比较而形成的观念。因此在我看来,实在性和完满性是一回事情。我们习惯于把自然界的所有个体事物都归为一个总类,这一总类就是最普遍的东西,也就是"存在"这一观念。这一观念包括了自然界所有的个体事物,我们只要在这一总类之下将它们进行比较,就可以发现某些事物要比另一些事物具有更多的实在性或完满性,于是我们就说前者要比后者更为完满。其实我们之所以说后者不完满,并非它们在根本上有什么缺陷,也不是由于自然犯了什么过失,而是由于它们对我们精神的震动比前者强烈,于是我们就给它们加上一些否定性的说法,如比较有限、进入尾声、比较单薄,等等。世界上任何事物的本质都是来自于自然的必然性,从这个意义上说,就是无所谓的完满或不完满。

善和恶的情况也一样:它们并不表示事物本身的肯定性质,仅仅是思想的形式,或者我们在比较事物时形成的观念而已。同一个事物可以既是善,又是恶,或者是既不善也不恶。例如,音乐对于烦闷的人来说是善,对于悲伤的人来说是恶,对于耳聋者来说是既不善也不恶。尽管如此,我们仍然应该保留善恶这样的名词,因为我们如果要为自己构造一个人的观念来做人性的模型,那么这些名词就是有用处的。以后我们谈到的善,就是指任何可以帮助我们接近这种人性模型的事物;而所谓的恶,就是任何足以阻碍我们接近这一模型的事物。此外，我们判断一个人的完满或不完满，也是以他接近这一模型的程度为标准。因此，这里应该特别注意，当我们说一个人从比较不完满变为比较完满，或者反过来从比较完满变为比较不完满，我们的意思并不是说他从一种本质变为另一种本质，就像一匹马变为一个人或者变为一条虫子，而是指作为他的本质的活动力量增加或减少了。最后我想说的是，一般来说，完满性就是实在性，完满性是任何事物的本质，是指它按照一定的方式存在和运动，并不涉及它存在多长时间。我们并不因为某个事物在时间中维持的存在较长，就说它更为完满。事物存在的时间之长短，并不是由其本质所决定的；而事物的本质也不包含某个确定的存在时间。任何事物无论其完满的程度如何，都能够具有它开始存在时同样的力量来维持其存在。从这个意义上说，所有的事物都是相同的。

善恶是属于理性还是属于真实的东西？既然善恶只是一些关系，就应该把它们归为理性的东西。我们说某个苹果好，肯定是有另一个苹果不如它；我们说某个人坏，肯定是相对于另一个比他好的人来说的。因此，我们说某个东西好，就是说它符合我们关于这一类事物的具体特定的观念，即完满的本质。

在自然中无善无恶，只要是我们所希望的东西都是理性的；我们设想了一个关于人的完满观念，只要是有助于我们接近这种完满的我们都称为善，相反的，只要是阻碍我们接近这种完满的，我们就称为恶。

在诸种认识方式中，直观认识是让我们达到完满的最好方式。它也是真实的信仰，可以鼓励我们去接近那些真正值得我们去爱的东西。而这一认识也因为呈现给它的对象之不同而有所区别；与之结合的对象越是完满，这一认识也就越完满。因此，一个跟神结合在一起的人是最为完满的。

如果我们正确运用自己的理性，就不会去恨任何事物。恨会让我们失去每个事物中都存在的完满。同样的,按照理性,我们永远不可能去恨任何一个人。因为只要是自然中的事物,我们都应该让它变成无论对我们还是对其本身都是更好的东西。一个完满的人应该是我们看到的最好的事物,对我们来说最为有利的事情就是尽可能地让人们走向这一完满。因此我的结论是,恨有多少不完满,爱就有多少完满。因为从爱中永远可以产生改善、增强和繁荣,这些都是完满,而恨只能产生破坏、减弱和灭亡,这些都是不完满。

我们是神的仆人,甚至是神的奴隶,我们最大的完满就在于此。如果我们的一切只能依靠自己,而不是依靠神,那么我们能够做成的事情就很少甚至没有,并且因此而感到痛苦。相反的,我们应该依靠一个最完满的东西,并成为这个整体的一部分,为了这一完满而贡献我们的力量。

我们做了好事不应该骄傲,否则就会停留在原地,有悖于我们的完满之道,我们的完满就在于不断地往前。我们应该把自己所做的一切都归于神,因为神是我们完成和正在完成的所有东西的唯一原因。我们应该爱神,把自己整个地奉献给神,这才是我们的幸福之所在。一个奴隶或工具唯一的完满和最终目的就在于实在地完成加在自己身上的劳役。例如,一个木匠感到自己手中的斧头用得十分顺心,这把斧头就达到了它的目的和完满;如果这个木匠现在想让它休息,不再用它了,这把斧头就失去了自己的目的,不再是一把斧头。同样的,人既然是自然的一部分,就应该遵循自然法,这就是对神服劳役;他在这样做时就保持了自身的幸福。相反的,如果神希望人不再为它服劳役,就等于剥夺了人的幸福并让他消灭,因为人之为人就在于为神服劳役。

——《伦理学》《神、人以及人的幸福》

5.不是善的诸种情感

恨不可能是善。只要是我们恨的人,我们总想去消灭他,我们想去做一件罪恶之事,因此恨不可能是善。这里必须注意的是,我在这里以及下面所说的恨都是指对人的恨, 诸如嫉妒、嘲笑、蔑视、愤怒、报复等。跟恨有关或由恨引起的情感也都是恶,而不可能是善。只要是由恨引起的欲望都是卑劣的,并且在有国家的情况下是不公正的。嘲笑跟通常的笑有根本区别:笑和诙谐只要不太过分,就是纯粹的快乐,本身就是一种善;而嘲笑则是一种恶。只有那种极其压抑、让人悲苦的迷信观念才会禁止人们享受。在我看来,相对于避免无聊而言,人们更需要满足自己吃喝等方面的欲望。除非是心怀嫉妒的人,没有谁会把人们的软弱无能、焦虑忧愁当成什么好事,也不会把他们的哭泣、哀叹、恐惧等意志薄弱的表现当成美德。情况正好相反,我们所能感受到的快乐越大,能达到的完满程度也就越大。也就是说,我们精神的参与度也就越高。因此,让物尽其用、善于享受它们,只要不是过分而导致厌倦,就可以说是明白事理的人所应该做的事情。例如美食、好酒,只要不过度享用,就足以滋补养生;又如鸟语花香、芳草萋萋的环境,也足以怡情养性。另外像穿着、音乐、游玩、戏剧等,都是让自己得到娱乐而无损于他人的事情,也是明白事理者应该做的。人的身体由许多不同性质的部分结合而成,因此需要有多种多样的营养来滋补它们,这样才能够适应各种生活境况,而人的精神才能够理解各种各样的事物。这是我们最为合适的生活方式,应该称之为至善。

一个按照理性的指导而生活的人,对于他人的怨恨、愤怒或蔑视一定会采取仁慈或宽容的态度来予以回报。所有来源于恨的情感都是恶，由理性指导的人一定会让自己不被恨的情感所激发，同时还尽可能地让他人不去感受恨引起的痛苦。恨的情感会因为互相恨而增强，却可以被爱所消解，因此恨也可转化为爱。这就是由理性指导的人以德报怨的原因。如果一个人想要通过恨来报复损害他的人，他的生活就会充满痛苦；相反的，如果他尽量用自己的爱去克服恨，他的生活就会充满快乐，他会满怀信心地继续努力奋斗。在后一种情况下，他不需要借助任何外部力量或好运，就可以独自对抗一个人或许多人；而被他的力量所征服的人都会对此心悦诚服，而这并非他们无力反抗，而是感受到自身力量之增强。

希望和恐惧的情感本身都不可能是善。恐惧是一种痛苦，而希望也不可能离开恐惧而单独存在，因此它们本身都不是善；只是就它们有可能限制过分的快乐而言，才可以说它们是善的。希望和恐惧的情感来自知识的缺乏和精神的软弱，同样的，所谓的自信、失望、欣慰和后悔也是精神软弱无能的表现。尽管自信和欣慰属于快乐的情感，但它们必须以希望和恐惧的情感，也就是以痛苦作为前提。我们越是能够按照理性的指导而生活，我们就越应该尽量不去依赖希望，尽量消除恐惧，自己去掌握命运，仅仅依照理性来指导我们的行动。

过分的褒奖以及蔑视的情感也始终是恶，这是因为它们都是违反理性的。过分的褒奖很容易让被褒奖的人产生骄傲情绪。如果我们发现，他人由于爱而对我们做过分的赞美，我们就会感到十分荣耀和快乐，很容易相信他人的溢美之词。因此由于自爱，我们会自视甚高，也就是产生了骄傲情绪。

对于一个按照理性的指导而生活的人来说，怜悯本身就是恶，是没有什么好处的。怜悯是一种痛苦，因此其本身就是恶。这样生活的人应该尽量让自己不为怜悯的情感所动。如果一个人能够理解任何事物都是出于神性之必然，都是按照自然的永恒规律而产生,他就会发现,世界上没有任何东西是值得他去恨、去嘲笑或轻视的,也没有任何人值得他去怜悯;他只需按照道德所能及的力量去行善,也就是尽可能地快乐生活就可以了。在我看来,一个很容易被怜悯所感动的人,往往会由于他人的悲痛或泪水,而做出一些让自己后悔的事情来。人们很难根据情感就做出确实为善的事情来,同时也很容易被那种假惺惺的泪水所欺骗。我要说明的是,这里只是对那些按照理性的指导生活的人而言;如果一个人既不按照理性的指导去生活,又不被怜悯所感动来帮助他人,他就是不人道的,简直就不是一个人。

——《伦理学》

6.最高的善是所有人共同拥有的

那些遵循道德者所拥有的最高的善是每一个人都可以同样享有的。遵循道德而行动,就是在理性的指导下行动;而尽力按照理性去行动,就是努力去寻求理解。因此,遵循道德者最高的善就在于理解神,这是所有人共同的善;就每一个人都有相同的本质而言,这也是人人都可以同样享有的善。

有人会问,如果遵循道德而行动者最大的善不是所有人共同拥有的,那会怎样呢?那些按照理性的指导生活的人或者那些本质一致的人是否会互相反对呢?我的回答是,最高的善之所以是所有人共同拥有的,是由于理性本身,而不是偶然的事实所致。最高的善来自人的本质,而人的本质又是由理性所决定的;如果人没有力量享有这种最高的善,他就既不会存在,也不会被认识。因为我们在前面已经说过,对于神永恒无限本质之正确认识乃是人心的本质。

每一个遵循道德的人在为自己追求善的时候,也愿意为他人去追求；并且他对于神的知识越多，他就越是愿意为他人去追求这种善。只要人按照理性的指导去生活，他就对他人特别有益；我们自己按照理性的指导生活，必定同时尽力让他人也这样做。既然我们这样追求的善是理解，也就愿意为他人而去追求。此外，尽管从联系上讲，欲望是精神的本质，但其本质还包含有知识，包括对神的知识；如果没有对神的知识，精神的本质即不存在，也不会被认识。精神的本质所包含的对神的知识越多，我们努力为他人追求善的愿望也就越强。一个人如果看到他人也跟自己一样追求善，他对这善的热爱就会更为持久强烈，并且会努力让他人同样热爱它。而这种善是所有人共同的善，人人都可享有，他会让所有人都去享有它；并且他自己越是享有这种善，就越是努力让所有人都去享有它。

这里必须注意的是，如果一个人只是出于感情冲动而竭力让他人爱他所爱的东西，也就是让他人按照他的想法生活，那么他的行为只会招人仇恨，特别会招那些另有所好的人仇恨，那些人跟他一样希望他人按照自己的想法生活。他们出于感情而追求的善往往只是一个人可以独占的东西，尽管他们都爱好这个东西，其内心不是一致的；他们由于爱好它而倍加推崇，同时内心又害怕他人真正相信了自己的话。与此相反，一个按照理性来指导他人的人，他的行为不是出于感情冲动，而是源于仁慈和友善，其内心与行为是完全一致的。

当我们具有神的观念或认识神的时候，我们所有的欲望和行为都是出于自身的原因，这就是宗教；由于按照理性的指导生活，我们产生了为他人追求幸福的欲望，我称之为虔诚；由此我们产生了努力让他人同自己结成友谊的欲望，我称之为荣耀。所谓荣耀，就是按照理性的指导而生活的人们所赞扬的行为；另一方面，凡是妨碍友谊关系的行为都是卑下的。这里我实际上已经把作为国家基础的东西揭示出来了。现在我们可以十分明显地看到真正的道德和软弱无能之间的区别了：真正的道德就是按照理性的指导生活，而软弱无能就是一个人自身被外在的东西所支配，由它决定去做适应其需要的事情，而不是去做满足自己本质所需要的事。

由此可见，禁止屠宰牲畜的戒律并不是来源于健全的理性，而是由无端的迷信和虚假的仁慈所致。理性只是指示我们为了自身的利益应该与他人结成友谊，却并没有要我们同牲畜结成友谊，因为其本质跟人性完全不同。尽管我们对牲畜的权利与牲畜对我们的权利本是相当的，但任何个体的权利都由其品德和力量所决定。因此人对牲畜的支配之权就大大超过了牲畜对人的支配之权。我承认牲畜也有感觉，但并不认为，因此我们就不应该尊重我们自身的利益，就不应该任意使用这些牲畜，就不应该依据我们自身最大的便利来对待它们。它们的性质跟人类完全不符，其情感也跟人类完全不同。

按照最高的自然权利，每个人都得生存，他的所有作为都出自其必然的本质。每个人都据此各自分辨善恶，按照自己的意思来追求自身利益，报复自己所恨的东西，并且尽力维护自己之所爱和消灭自己之所恨。如果每个人都能够按照理性的指导生活，他们就可以获得自己的自然权利而不损害他人；然而他们被自己的情感所支配，而情感之力又大大超过其自身的力量或道德，于是他们被引诱至种种跑偏了的方向，陷入互相反对的泥潭，而他们本来是需要互相帮助的。

因此，如果要让人们和平共处、互相帮助，就必须让他们放弃自己的自然权利，互相信任，确信对方不会做损害自己的事情。怎样才能让那些必然受情感支配、性情变化无常的人做到这一点呢？我说过，任何情感只有通过另一个比它更强的相反情感才能被克制。我还说过，一个人由于害怕受到更大的损害，不会去做损害他人的事情。正是这一定律可以成为构建社会的牢固基础。只要社会能够把每个人判断善恶和报复的自然权利收归公有,由社会来执行这一权利,就可以为人们规定共同的生活方式,并通过制定法律来维持秩序。但法律的有效实施不能依靠理性,必须借助于刑罚,这是因为理性无法克制情感。像这种建立在法律和自我保存上的坚固力量被称为国家,在国家法律保护之下的个人被称为公民。

由此可知,在自然状态下并不存在所有人一致承认的善或恶,在此状态下每个人都追求各自的利益,只按照自己的意思、从自身利益的角度去判断善恶,除了服从自己,不受任何法律的约束,不服从任何人。在自然状态下,不存在"罪恶"的观念;只有在社会状态下,善和恶由公共契约所决定,每个人都要受法律的约束,都必须服从政府。所谓的"罪恶"不是别的东西,只是国家的法律所要惩罚的"不服从"罢了。另一方面,服从就是一个公民的功劳;正因为服从国家的法律,他才有资格享受国家的权益。此外,在自然状态下,没有任何人具有大家公认的某个物品的所有权,没有任何自然物品可以说是属于这个人所有而不属于那个人所有,而是所有的物品属于所有的人。因此,在自然状态下,说一个人把自己的东西给别人,或者说他把别人的东西夺过来归自己所有,这都是不可想象的事情。换句话说,在自然状态下并不存在公平或不公平的事情;只有在社会状态下通过公共确认,才有了这个东西属于这个人、那个东西属于那个人,才有了公平或不公平的观念。由此可见,公平和不公平、功劳和罪恶都是外在的观念,并不能说明精神的性质。

——《伦理学》

7.亚当的意志是恶吗

我认为恶不是某种肯定的事物,而且任何事物都不可能违背神的意志而存在;只有用我们人的不恰当的语言,才可以说我们对神做了恶,正像我们说人类可以让神生气一样。首先,每一个存在的事物,就它自身而言,都包含了完满性,而且这一完满性跟它的本质是一样的。亚当要吃禁果的意志,就其自身而言,也包含了跟其本质同样的完满性。如果我们不拿它跟其他有更多完满性的事物相比的话, 我们就不可能在亚当的意志中发现任何不完满性。而且我们也可以拿它跟其他许多有更多不完满性的事物相比,例如石头、树木等。实际上人们都认可这一点,因为他们可以看到,有些东西,如果我们从动物的角度去看是值得赞美的、很是完满,从人的角度看却让人厌恶至极,例如蜂群的彼此争斗、鸽子的互相嫉妒等。由此可知,既然恶只是指不完满性,它就不可能存在于任何表现本质的事物中,就像不可能存在于亚当的意志或意志的实施中一样。

我们也不能说亚当的意志跟神的意志是对立的,或者说亚当的意志由于冒犯了神而是恶的。这样一来就证明了神是不完满的,某个事物可以违反神的意志而产生,而神却希望某个自己无法获得的东西, 其本质就像自己的创造物那样被外因所决定,从而爱某个事物、恨另一个事物。这显然是荒谬的说法。神的意志跟神的理性并无不同, 因此任何事物既然不可能违反神的理性,也就不可能违反其意志。任何违反神的意志之事物,其本性必定跟神的理性相违背,这就像说方形的圆一样。因此,既然亚当的意志本身不是恶,或者更为准确地说,它并不违反神的意志,那么神必定是亚当意志的原因。我们之所以说亚当的意志是恶,是指它缺乏一种完满性,而这种不完满是他吃禁果的行为造成的。这一缺乏并不是指某种肯定的事物,我们只是从人的理性角度才使用这个词语,而不是在神的理性之意义上说的。我们通过某种定义来表现所有个体的人都有的最高完满性,如果我们发现某个人的行为不符合这种完满性,我们就认定他已经失去了完满性,违背了自己的本质。然而,如果我们没有把他归为这一定义中,没有赋予他这一本质,我们就不会这样认定了。神不会抽象地设想某种事物,也不会去一般地定义事物,而除了神的理性和力量给予事物本质外,事物再没有其他什么本质。因此,上面说的这种缺乏只是就人的理性而言,而不是就神的理性来说的。

下面我还得回答两个问题:①为什么《圣经》记载说,神要不虔诚的人去忏悔;既然神已经知道亚当会那样做,它为什么还要禁止亚当去吃树上的果子呢?②如果不信神的人也体现了神的意志,那么不信神的人跟信神的人是否一样呢? 也就是说,以骄横、贪婪、自暴自弃等方式来对待神跟以宽恕、忍让、仁慈等方式来信奉神是否一样呢?

先回答第一个问题。我认为,由于《圣经》的读者大都是普通人,它只能以人的方式来说话,而人是无法理解那些过于高深的事物的。因此,神向先知启示的事物都是以法令的形式写下来的。这些先知编造了一个能自圆其说的寓言,由于神启示了拯救和毁灭的方式,而把神描述得就像一个君王和立法者,然后把这些方式称为法令并写下来。拯救和毁灭不过是这些方式的必然结果,却被先知描述成奖励和惩罚。他们所使用的语言对于一个寓言来说是恰当的,而对于一个真理来说就不适合了。在《圣经》中,先知们把神描述得就像一个人一样,有时生气,有时温和,有时向往未来,有时心中充满嫉妒和焦虑,饱受魔鬼欺骗之苦。而那些按照美德生活的人并不把美德看成法令,而是当成最高的善。因此不会被这些寓言式的文字所困扰。神向亚当启示,他吃树上的果子就会死，这就像神通过自然理性向我们启示毒药会致人死亡一样。如果你问神为什么向亚当作这个启示，我的回答是，这是为了让亚当的知识更完满。

再回答第二个问题。确实，不信神的人也按照自己的方式来体现神的意志，然而他们并不因此就能跟信神的人等量齐观。一个事物具有的完满性越多，它能够分享的神的本质就越多，所体现的神的完满性也就越多。因此，信神的人有比不信神的人多得多的完满性，后者在美德上无法跟前者相比。不信神的人缺少对神的爱，这种爱是源于神的知识，因此从人的理性的角度看，只有信神的人才算得上神的仆人。由于不信神的人对神没有认识，他只是作为一种工具不自觉地为主人服务，并在这种服务中灭亡；而信神的人是自觉地为神服务，并通过这种服务让自己更加完满。

我们的分歧在于，我认为，行善者获得的完满性是神作为神给他们的，完全没有我们所附加的人的性质；而你却认为，神是作为一个审判官把这些完满性授予行善者的。在我看来，所谓缺乏并非真的失去了什么，只是一种什么也不是的纯粹的缺失，只是我们把事物进行比较时形成的思想存在或者思想方式。例如，我们说盲人失去了视觉，这是因为我们想象他是能够看的，把他跟其他看得见的人进行比较，或者是因为我们把他现在的情况同他过去没有瞎时的情况进行比较而得出的印象。我们这样做的时候，也就是拿他的本质跟其他人的本质进行比较，或者拿他现在的本质跟他过去的本质进行比较。我们肯定视觉是他的本质，因此说他丧失了视觉。然而在我们想到神的意志和本质时，就不能说这个人比石头更多地丧失了视觉，因为这时只有神的意志和本质属于他，此外再无属于他的东西。神就是这个盲人不能看的原因，就像神也是石头不能看的原因一样。不能看是纯粹的否定。因此，当我们把一个正在被感官享乐欲望所支配的人跟一个行善者进行比较,或者把此时的他跟以前的他进行比较时,我们就说他丧失了好的欲望。我们认为追求高尚美德的欲望本来是属于他的。然而在想到神的理性本质时,我们就不能这样说了。因为这里好的欲望不是缺乏,而是否定。因此缺乏只是否认事物具有我们认为属于其本质的东西,而否定只是否认事物具有我们认为不属于其本质的东西。因此,亚当的欲望只是就我们的理性来说是恶的,而不是就神的理性而言。尽管神知道亚当过去和现在的状况,却并不认为亚当丧失了过去的状况。换言之,神并不认为亚当过去的状况是亚当的本质,否则神就得承认某种违反自己的意志、也就是违背其理性的东西。而这当然是说不通的。

神给了我们一个有限的理性和一个无限的意志,以至于我们不知道神创造我们的目的;而这种无限的意志或完满的意志不仅让我们完满,也为我们所需要。我们的自由不是某种偶然的东西,而是肯定或否定的形式,因此我们肯定或否定某个事物的偶然性成分越少,我们的自由就越多。例如,如果我们知道神的本性,那么由我们的本性来断定神必然存在,就像由三角形的本性断定三角形三内角之和等于两个直角之和一样。我们的自由就是这样来断定事物的性质。既然这种必然性不过是神的意志,我们的自由在某种程度上就很清楚了,按照神的意志,我们是必然要这样做的。我说"在某种程度上"可以清楚这一点,是指我们能明确知觉的事物;如果不是我们明确知觉的事物,或者我们的意志已经超出理性的范围,我们就不可能这样清楚地认识到这种必然性和神的意志,而只是感知到我们的自由,这种自由往往包含在我们的意志中;在这种情况下,我们的行为才被称为善或恶。因此,我们知道,尽管有神的意志和必然性,我们仍然是自由的,我们是恶的原因,因为任何行为只有对于我们的自由来说才称得上是恶的。

——《给布林堡的信》

8.神怎样看待善恶

首先,我要说的是,神是一切具有本质的事物绝对的动因。如果你能证明邪恶、错误或罪行等是某种体现本质的东西,那么我可以同意你的说法,即神是邪恶、错误和罪行等的原因。然而我已经证明,这些构成邪恶、错误或罪行的东西并不存在于任何体现本质的事物中。因此,我不能同意你的说法。神不是它们的原因。例如,尼禄杀死了他的母亲。就其中包含某些肯定的东西而言,这并不是一种罪行,因为奥雷斯特也干了同样的事,并且有杀死母亲的动机,然而他没有受到谴责,至少没有受到跟尼禄同样强烈的谴责。那么尼禄的罪行在哪儿呢?其罪行表现在他背信弃义、冷酷残忍、非常不孝,而这些都不是体现本质的东西。因此,神不可能是这些东西的原因,尽管神是尼禄的行为和动机的原因。

其次,我要说的是,我们在进行哲学探讨时,不能采取神学的表达方式。神学往往把神说成是一个完满的人。人们说,神意欲某些东西,神厌恶不信神者,喜爱信神者,这对神学来说是合适的。然而在哲学中,要把让人完满的属性赋予神,这种做法就像把驴子的完满性赋予人一样荒谬,它会造成我们观念的混乱。我们在进行哲学探讨时,不能说神要求某个人做某件事,或者某件事让神很烦或很喜欢,因为这些都是人的属性,是神所不可能有的。

最后,我要说的是,信神者和不信神者的行为以及所有存在的事物之行为,尽管都是按照神的永恒规律和意志产生的,并且连续不断地依赖于神,它们却在程度甚至本质方面有极大的不同。例如,老鼠的狂暴和天使的快乐都同样地依赖于神,然而老鼠并不因此而成为天使,狂暴也并不因此而成为快乐。

根据这些基本思想来回答你的问题,答案就是一目了然的了。你的问题是：①杀人的行为跟善的行动是否都获得神的同意？②对神来说，盗窃行为跟守法行为是否同样为善？③如果一个人出于其特别的本质，十分钟情于感官快乐和犯罪，那么是否应该认为他具有趋善避恶的美德呢？

第一个问题。我的回答是，我不明白你所说的"获得神的同意"是什么意思。如果你的问题是指神是否恨一种行为而爱另一种行为，或者一种行为是否对神有害而另一种行为是否对神有利，那么我的回答是否定的。如果你的问题是指杀人者是否跟行善者同样的善或完满，我的回答仍然是否定的。

第二个问题。我的回答是，如果把善理解成守法者对神做了好事，而盗窃者对神做了坏事，那么无论是守法者还是盗窃者都不会让神感到喜爱或厌恶。如果这一问题是指，这两者的行为就其都是真实的并且以神为原因而言，是否同样完满，我的回答是，如果只是考虑行为，可以说它们是同样完满。如果问题是指这两个人是否同样完满，我的回答是否定的。守法者有一种保存自己的执着欲望，这一欲望源于他关于自己和神的清晰知识。而盗窃者没有这种欲望，因此必定是缺乏这种知识，他必定缺乏让我们成为人的要素。如果你再追问是什么促使自己产生高尚的行为，而不做相反的事情，我的回答是，我不知道神从无穷多的方法中是选用了哪一种来决定你的行动。很可能是神在你身上刻下了它清晰的观念，从而让你超脱于俗世而爱神，爱他人就像爱自己一样。显然，这样的性质跟我们称为恶的东西是格格不入的。因此它们不可能存在于同一个主体之中。

第三个问题。这个问题假设了一个矛盾，就像有人问我"某个本质适合于上吊自杀的人为什么不自杀"一样。不管怎么说，假设有这样一种本质是可能的，我的回答是，如果一个人觉得自己在绞刑台上要比在餐桌旁生活得更好，而他却不去吊死自己，那就是太愚蠢了。如果一个人清楚地认识到，追求罪恶而不遵守美德，他可以获得更高的完满或更好的生活，那么他不去追求罪恶就是一个大笨蛋。就这种堕落者的本质而言，罪恶就是美德。

我在前一封信中说到，我们之所以是不被宽恕的，是因为我们是在神的权利之中，就像泥土在陶匠手中一样。我希望你这样来理解这句话：一个人不能因为神给了他一个软弱无能的本质或精神而责怪神，因为一个精神软弱无能的人埋怨神没有给他力量、没有给他关于神的知识和爱，埋怨神给了他软弱无能的本质而致使他无法节制自己的欲望，就像一个圆的东西埋怨神没有给它球体的性质，或者一个小孩因结石导致的疼痛就埋怨神没有给他一个健康的身体一样荒谬。每个事物除了必然获得来自其原因的东西外，没有任何其他本质。因此，坚强的精神并不是每个人的本质，健康的身体也不是每个人的本质。你会说，如果人们由于其本质的必然性而犯罪，他们就是可以被宽恕的。然而你没有说明要从这里得出什么结论。也许你的意思是，神是不可能对他们发火的，或者他们是应该获得幸福的，即应该有对神的知识和爱。我完全承认神是不会发火的，然而否认他们因此就应该获得幸福。这是因为，尽管他们可以获得宽恕，仍然是缺乏幸福的，还会遭受各种痛苦。对于一匹马来说，由于它是马而不是人，因此它是可以被宽恕的，然而它仍然是马而不是人。一条咬人的疯狗可以被宽恕，但它咬人的行动仍然要被制止。由此可见，那些无法控制自己的欲望、不能因畏惧法律而抑制欲望的人，尽管可以因其软弱无能而被宽恕，却无法享受精神的宁静和对神的知识及爱，从而必定会自我毁灭。

《圣经》上说神对犯罪者发火，他是一个人类行动的审判者，他做出判决，这都是用人的方式、按照人们习惯的看法在说话。这是因为，《圣经》的目的不是教给人们哲学和知识，而是要人们服从。

——《给布林堡、奥尔登堡的信》

六、我看政治

1.统治权

　　掌握统治权的人,无论他是一个人,或是许多人,或是整个国家的人,都有按照自己的意志发布任何命令的权利。如果一个人由于自愿或被强迫,把保护自己的权利转让给他人,他就放弃了自己的自然权利。因此,诸事都不得不服从统治者的命令,而且只要君王、贵族或人民保持这种统治权,他都得服从其命令。统治权是这种权利转让的基础。老百姓的权利是指每个人生存的自由。这一自由被统治者的命令所限制,而且只由统治者的权威来保护。这是因为,如果一个人自愿把自己的生存权利转让给另一个人(他的生存权利只限于其力量之所及),也就是把他的自由和自卫的力量转让给这人,他就不得不服从这人的命令,并受其保护。如果一个公民被另一个人所迫而受到损害和痛苦,这是跟法律或统治者的命令相违背的,于是就产生了不法行为。不法行为只会产生于有组织的社会中,而统治者是不会有不法行为加之于人民的,因为统治者有完全按照自己的意志行事的权利。因此,不法行为只会发生在老百姓之间。老百姓受到法律的约束,不得互相伤害。所谓的正义就是让每个人都能得到法律的保护,而非正义是指假借合法的名义来剥夺一个人在法律上应有的保护。这两点也被称为公正和不公正,执行法律的人应该一视同仁,将所有的人都看成是平等的,不嫌贫爱富,同样地保护每个人的权利。

　　两个国家的人为了避免战争或者其他利益而订立契约,彼此不加侵害,在必要时互相帮助,保持各自独立的主权,它们之间就形成了同盟。只要构成这契约的危害或利益之基础存在,这一契约就是有效的。如果不是为了获得什么利益或避免什么危害,它们是不会订立契约并遵守它的。如果这一基础被消除,这个契约就失去了效力。历史的经验告诉我们,事情就是这样的。尽管有些国家签订了互不侵犯的条约,它们并不放心那实力较强的一方,担心对方会撕毁条约,除非双方遵守条约会得到更大的利益。这种怀疑是有道理的,因为凡是了解统治者权利为何物的人都不会相信一个有力量随意而为的人做出的承诺,这个统治者唯一关心的是他的统治是否安全以及能否获得利益。如果考虑到忠诚和宗教,就可以知道,统治者不应该为了遵守承诺而损害自己的统治,否则就会为了遵守诺言而破坏他跟人民所订的契约,而这一契约是他和人民都必须遵守的。

　　所谓的敌人就是背离国家而生活的人,他既不是一个公民,也不作为同盟者来承认国家的权利。这个人成为国家的敌人并非他心中充满怨恨,而是由于拒不承认国家的权利。从国家权利的角度看,那些不订契约、拒不承认国家权威的人跟反对和损害国家的人性质是一样的。因此国家有权迫使他服从,或者订立同盟。只有人民才可能犯叛国罪。由于人民已经订立契约,无论是默许还是明白表示,都已经把自己的权利转交给国家。因此,任何一个公民无论出于什么原因,试图夺取统治权或将其交给他人,他都犯了叛国罪。我这里说到"试图",这是因为如果让他得手之后再去惩处,就为时已晚了。我还说到"无论出于什么原因",在我看来,无论其行动的后果对公众是有害还是有利,都是没有什么区别的。无论他行动的理由是什么他都犯了叛国罪,应该受到惩罚。

在战争时期,大家都会认为这种惩罚是公正的。一个士兵不恪尽职守,背着他的指挥官去接近敌人,无论其动机是什么,只要他是擅自行动,即使其目的是打击敌人,也应该被处以死刑。因为他背弃了自己的誓言,侵犯了指挥官的权利。在平时,所有的公民也一样地受这种权利约束,这一点人们往往难以看到。在这两种情况下,对于统治者的服从,其理由是一样的。国家必须由元首的统一权威来保存和指挥,这种权利是人们所认可并转交给他的。因此,无论是谁,只要没有获得他的同意而进行任何公共活动,即使国家可以由此获益,他仍然侵犯了元首的权利,应该以叛国罪论处。

为了更深入探讨这一问题,我们现在要回答,一个人处于自然状态,不用理性,是否可以按照其欲望或自然权利,过一种与神的启示相反的生活?既然所有的人无论其理性如何,都要遵守爱人如爱己的神圣命令,他们损害他人或完全按照欲望行事难道不是错误的吗?就自然状态而言,这一问题是不难回答的。人的自然状态无论在性质还是时间上都要先于宗教。人并不能由于其天性就知道应该服从神。这种服从也不能通过理性而获得,只能是通过神迹表明的启示来获得。在启示之前,人们并不被神的法规和权利所约束,必定对它们毫无所知。这里不能把自然状态和宗教状态混为一谈。自然状态是既没有宗教也没有法规的。因此也就没有罪恶和过错。自然状态之所以先于神启示的法规和权利,并不仅仅是由于人的无知,也是由于人生来就是自由的。如果人生来就被神的法规和权利所约束,或者说这种法规和权利对于人生是必要的,那就不用让神跟人类订立契约,以此来让人类遵守神的法规和权利了。因此,神的法规和权利是发生在人通过契约同意一切服从神的时候。人将自己的天赋自由和自然权利转让给神,就像国家形成时将自由和权利转让给统治者一样。

有人说统治者跟人民一样,也得遵守神的法规。我认为,一个人在自然状态下按照神的法规生活,就像按照理性的命令生活一样,是因为这样对他有利,他为了获救不得不这样做;然而他也可以不这样生活,而冒险过另一种生活。这样一来,他就是按照自己的法规生活,不遵守任何人的法规,不承认任何人是他行为的裁判者或宗教上的领袖。在我看来,一个元首就处于这样的境况:他可以采纳其同胞的意见,但不承认任何人有权对他的行为做出裁判,也不承认任何人可以作为公理的裁定者,除非这人是神特地派来的预言家,可以用确凿的神迹证明其担负的使命。即便如此,除了神外,他也不承认有谁能对自己的行为做出裁判。如果一个元首拒绝服从神法的启示,他这样做要冒遭受损害的风险,但并不违反任何公权或自然权利,因为公权要依照他的命令而定,而自然权利则依照自然的规律而成立。自然规律并不会去适应宗教;宗教的目的是让人类幸福,而自然规律是适合自然的秩序,也就是适合神的永恒命令,而这命令是我们所不知道的。有人用比较晦涩的语言表达了这一真理,他们说一个人可以违反神的启示而犯罪,却不可能违背其永恒的命令,因为神通过这永恒的命令规定了世界的一切。

有人会问,如果统治者的命令违反了宗教,违反了我们已经向神宣誓的皈依和服从,我们应该怎么办呢?我们应该服从神的法规还是人的法规呢?我的回答是,如果我们有神的意志确定无误的启示时,应该首先服从神;然而人们十分容易搞错宗教方面的东西,而且由于性格使然,他们往往对凭空想象的东西信以为真。因此,如果人们认为某些事情有关宗教而拒不服从国家,那么国家的权利就不得不依靠每个人的判断和情感了,他们就可以拒绝服从那些与其信仰或迷信不一致的法律。这样一来,他们就有可能以此为借口而胡作非为,而当局的权利也就被完全取消了。因此,我们不得不得出结论说,统治者只受神权和自然权利的支配,为的是保存和守护国家法律,应该具有最高权利来制定宗教方面的适当法律;根据神要人遵守的诺言,所有的人都有义务服从这些法律。

如果统治者是异教徒，我们是否应该跟他订立契约，把权利转交给他呢？或者如果已经订立契约，转交权利，我们是否应该遵守诺言呢？我认为答案是肯定的，我们有义务这样做，除非神通过确实无误的启示要我们反对他，或者给予我们不服从统治者的特别允许。在巴比伦，所有的犹太人都服从国王尼布甲尼撒，他们认为国王能够取得和维持统治，是神意志的体现，仅有三个年轻人自认为有神帮助而拒绝服从。那些信仰基督教的国家统治者为了加强自己的统治，毫不犹豫地跟土耳其人、异教徒订立条约，并命令跟这些民族相处的自己国家的人民，无论是在世俗事务还是宗教事务方面都必须遵守条约的规定和外国政府的法律，而不应该有毫无节制的自由。

——《神学政治论》

2.国家

如果两个人一心合作，那么他们合起来的力量要比任何一个人的都大，由此获得的权利也比任何一个人的多。如果人们仍然处于愤怒、嫉妒等仇恨的情感之中，那么他们的关系就必定是互相对立的。人要比其他动物更有力量，更加灵活狡诈，更为可怕。由于人的本质，他们往往被种种欲望冲动所支配，因此互相成为敌人。

在自然状态下，一个人只有在不被他人压迫的情况下，才可能享有自己的权利或自由；然而仅凭自己并不能避免这种压迫。如果一个人的自然权利或自由只是由他个人的力量来决定，这种权利就不可能存在。如果一个人感到恐惧的原因越多，他的力量就越小，那么他所拥有的权利也就越少。此外，如果人们不能互相帮助,就很难保持自己的生存和培养自己的精神。因此,我的结论是,人们要保有自己的自然权利,就必须有共同的法律,有足够的力量来保护自己以及居住和耕种的土地,足以对抗所有的暴力,按照所有人的共同意志来生活。从这个意义上说,人是社会的动物。

一旦人们拥有共同的法律,就像受到同一个大脑指挥,他们合起来的力量要大大超过单个人的力量;这种合力越大,每个人的权利就越少。除了共同的权利外,实际上每个人对自然事物没有任何权利;而且他还必须服从共同意志对他的命令,或者说这种合力会迫使他不得不这样做。

这种合力所肯定的共同权利通常被称为统治权;被赋予统治权的人管理国家事务,如制定、解释和废除法律,保护国家,决定进行战争或保持和平,等等。这种权利如果属于全体人民组成的会议,这样的国家就是民主政体;如果属于某些特定的人组成的会议,这样的国家就是贵族政体;如果属于一个人,这样的国家就是君主政体。

由上所述可知,在自然状态下是不存在罪恶观念的,或者说,如果有人犯罪,他也是对自己犯罪,不是对他人犯罪。根据自然法,一个人没有任何义务按照他人的意愿去行动,除非是他自愿的;他也不须去考虑事物之善恶,即使要考虑也只需根据自己的看法来予以区别。自然法并不禁止人做任何事情,除非是他的力量达不到的。从这个意义上说,所谓的罪恶就是按照权利所不能做的事情。自然法就是神的法,来自神的本质之必然,因此是永恒不变的。按照自然法,人们本该接受理性的指导,然而实际上他们主要是被非理性的欲望所指引;不过他们并没有破坏自然的秩序,而是遵循这种秩序。自然法并不要求那些愚笨者和软弱无能者去过明智的生活,就像它不要求病人具有健康的身体一样。

由此可知,只有在国家里才存在罪恶。也就是说,根据国家的法律来区别善恶,而人们除了去做法律不禁止的事,没有权利做其他任何事情。这里指的罪恶就是根据法律不能做或被禁止做的事情，而服从就是根据法律去做那些善的符合法律规定的事情。

我们越是能够按照理性的指导生活，越是能够控制种种欲望，我们的自由也就越多。然而要做到这一点，只有在国家里才有可能。如果没有根据理性确立的法律，老百姓不可能像国家所要求的那样只听从一个人的指挥。因此，已经习惯了在国家里生活的人认为违背理性的事情就是罪恶，这种看法是正确的。

同样的，所谓公平的问题也只有在国家里才存在。在自然状态下，没有任何东西可以说是属于这个人而不属于那个人；所有的东西属于所有的人，属于那些有力量将其据为己有的人。相反的，在国家里，所有人的财产都是根据共同的法律确定的。如果每个人的东西都归于每个人，那就是公平的；如果一个人试图把他人的东西归于自己，那就是不公平的。

存在着统治权的状态被称为国家状态，所有的统治权合在一起就是国家。由最高统治者管理的公共事务就是国家事务。享有国家赋予的政治权利的人被称为公民，具有服从国家各种法规之义务的人被称为臣民。国家状态有三种：民主政体、贵族政体和君主政体。下面先谈谈国家状态的一般特征，其中主要涉及国家的最高权利，也就是最高统治者的权利。

国家或最高统治者的权利也就是自然权利本身，但它不是由每个公民的力量所决定的，而是由人民的力量所决定，而人民就像一个人接受大脑的指令。国家就像处于自然状态的个人一样，它有多大力量就有多大权利。因此，国家的力量越是超出每个公民或臣民的力量，后者的权利就越少。每个公民除了根据国家法令获得保护的东西之外，没有任何权利占有任何事物。

如果国家给予一个人按照自己的意愿生活的权利，并给予他这样做的力量，它就放弃了自己的权利，将权利让与了这个人。如果国家把自己的力量给予更多的人，允许他们按照自己的意愿生活,它的统治权就被分割了。如果国家把这种力量给予每个公民,它就被毁灭了,一切都回复到自然状态。在国家状态中,尽管每个公民都不可能充当自己行为的裁判官,他们的自然权利并没有被消除。实际上,无论是在自然状态还是国家状态,人都是按照自己的本质行动并为了自身的利益;他们做什么或不做什么的原因都是出于希望或恐惧。跟自然状态的区别仅仅在于,在国家状态中,人们恐惧的对象、获得安全的原因以及生活方式都是相同的。当然,这并不影响到每个人在判断问题上的区别。对于那些愿意服从国家法令的人来说,无论他们是由于害怕国家的力量还是由于爱好安定的生活,都是按照本人的愿望来追求自身的安全和利益。

如果国家允许每个公民任意解释国家法律,每个人就成了自己的裁判官,他的任何行为都可以找到合法的借口,他就可以任意安排自己的生活。这当然是不可能的。由此可知,每个公民都不是处于自己的权利之下,而在处在国家的权利之下,有义务执行国家的所有法令。他们没有权利确定什么是公平,什么是不公平;什么是道德,什么是不道德。相反的,既然国家就像在同一个大脑指挥下的人,国家的意志就是全体公民的意志,由国家确定为公平和善的东西,就是全体公民的共识。因此,即使臣民认为国家的法律是不公平的,他也有义务去执行。

有人会提出反对的意见:如果一个人完全听从他人的判断,那不是违背了理性的指导,国家状态难道不是违背了理性?理性是指导人们和平共处,如果人们不遵守国家法律,就不可能有和平。因此,一个人越是听从理性的指导,也就是越自由,他就越是会坚决遵守国家法律,执行最高统治者的命令。建立国家的初衷就是为了能够克服人们的恐惧和消除其不幸。它要达到的目的也就是每个按照理性生活的人在自然状态下追求的目的,尽管在这种状态下是不会有结果的。即使他们根据国家法令做出的事情有时可能是违背理性的，但由于国家状态的实际存在，他们获得的利益仍然要比受到的损害大。而两害相权取其轻正是理性的法则。因此，我们可以说，如果一个人根据国家法律来行动，他决不会违背理性的指导。

正像在自然状态中按照理性的指导生活的人是最有力量、最能掌握自己权利的人一样，按照理性指导的国家也是最有力量、最能掌握自己权利的国家。国家的权利由人民的力量所决定，而人民就像是被同一个大脑所指挥；然而，国家只有让人民感到健全的理性才是对他们有利的，这种思想上的一致才有可能。

国家控制臣民只有两种办法：要么让他们害怕国家的力量或威胁，要么让他们热爱这个国家。因此，只要是施加威胁或以利相诱做不到的事情都不属于国家权利所及的范围。例如，无论在什么情况下，人们都不会放弃自己判断事物的权利；无论怎样威胁或利诱，他们都不会相信全体小于部分、神并不存在、看得见的有限物体是无限的。又如，无论怎样威胁或利诱，人们都不会爱其所恨或恨其所爱；也不会去做诸如提供对自己不利的证词、让自己痛苦、杀害父母、不逃避死亡等违反人性的事情。

只要是多数人反对的事情都不应该属于国家权利范围之内。人们为了克服共同的恐惧或者报复共同受到的伤害，会联合在一起；而国家的权利由多数人民的力量所决定，它干的事情越是被多数人联合起来反对，它的力量和权利也就越弱小。国家跟自然状态中的人一样，也有自己畏惧的危险；让它畏惧的东西越多，它能够掌握的权利也就越小。

两个国家之间的关系就像两个人在自然状态下的关系一样，不同之处仅仅在于，国家有能力保护自己不被其他国家压迫，而自然状态下的个人却没有这种能力。因此，一个国家只要能够保护自己的利益，不服从其他国家的压迫，它就是处在自己的权利之下。相反的，如果它害怕其他国家的力量，或者因对方的阻碍而不能按照自己的意志行事，或者只有在其他国家的帮助下才能保护自己，那么它就是处在其他国家的权利之下。如果两个国家愿意互相帮助，那么它们联合起来的力量要大于单独一个国家的力量，它们具有的权利也就更大。

从本质上说，两个国家之间是互相敌对的。实际上，在自然状态下，人们都是互相敌对的。因此，只要他们不是在一个国家内，保有自然权利的人们仍然是互相敌对的。如果一个国家向另一个国家发动战争，使用各种极端方式让对方处在自己的权利之下，它是有权这样做的。实际上，只要它有发动战争的意向，它就能够发动战争；然而，如果它想跟另一个国家处于和平状态，没有对方的同意，它就不可能做到这一点。因此，发动战争的权利属于每个国家，而确立和平的权利却不可能属于任何一个单独的国家，而是需要两个以上的国家达成协议。这样的国家被称为缔结了盟约的国家。

只要缔结盟约的原因还存在，只要对于遭受伤害的恐惧或对于获得利益的希望还存在，这种盟约就会继续有效。然而一旦缔结盟约者中有任何一个国家不再有这种恐惧或希望，它就会重新处在自己的权利之下，而这种盟约就开始失去效力。因此，每一个国家只要愿意，都有权利解除盟约；它这样做还不能说是背信弃义。每个国家都是以现在的情况为根据来缔结面向未来的盟约，而只要情况发生变化，这一盟约的根据也就改变了。因此，每个缔结盟约的国家都会保留考虑自身利益的权利。如果有哪个国家说它被盟友骗了，那不能责怪对方背信弃义，只能怪自己太愚蠢。因为它把自身的安全寄托在有着自己利益的外国，而对方的最高原则却是保证自身的安全。

如果缔约国在盟约的和平条款方面产生分歧，解决这一问题的权利应该属于缔约各方，缔结和平条约的权利不可能属于某个单独国家，而应该为各个缔约国所共有。如果无法达成协议，它们之间就恢复到战争状态。

　　缔结和平条约的国家越多,各国之间互相的威胁就越小。也就是说,一个国家对其他国家发动战争的力量就越小,它接受和平条约的可能性就越大。换言之,一个国家越是不能处在自己的权利之下,它就越是不得不服从缔结盟约国家的共同意志。

　　如果指望老百姓和政府官员能够完全按照理性的指导行事,那无异于诗人的幻想或痴人说梦。如果把国家的安宁仅仅寄托在统治者的信用之上,这个国家必定是不稳定的。为了国家能够维持稳定,必须把政府组织成这个样子:无论统治者是源于理性还是源于欲望冲动,他都不可能做出违背信用的事情来。实际上只要治理得当,无论统治者源于什么动机都不会影响国家的稳定。这是因为,精神上的自由是个人的美德,而国家的美德就在于安全稳定。

——《政治论》

3.最高统治者和最好的国家

　　我已经说过,最高统治者的权利由他的力量所决定。这种权利主要体现在指导所有臣民的一种国家意志上。只有最高统治者才有权利决定什么是善、什么是恶,什么是公正、什么是不公正。也就是说,决定每个臣民应该做什么或不应该做什么。因此,像制定法律、在有争议时解释法律、判定违法犯罪等权利都只属于最高统治者。此外,只有最高统治者才有权宣战,提出或接受缔结和约的条件。

　　国家事务的施行完全在最高统治者的领导之下。因此,只有最高统治者才有权对个人行为做出裁决和惩罚,对公民之间的诉讼做出裁决,或者指定熟悉法律者代表自己履行这些职责。同样的,只有最高统治者才有权利实施跟缔结和约和对外宣战有关的所有措施,例如设立城防、招募军队、分配军职、颁布命令、派遣和接见缔结和约的使者、筹款征税等。既然只有最高统治者才有权利处理国家事务或选任官员处理它,那么任何臣民不经最高统治者允许,擅自按照自己的意志去处理国家事务,即使他认为自己这样做是为了国家最高利益,他也犯了篡夺国家权利之罪。

有人会问,最高统治者是否受法律的约束?最高统治者是否会犯罪?谈到法律和罪恶,不仅关涉国家法律,还会涉及自然法,特别是理性规律。因此,我们不能笼统地说,国家或最高统治者不受法律的约束和不会犯罪。如果一个国家自己做了或者让他人做了颠覆社会的事情,它就犯了罪。我们也可以说,如果国家做了违反理性的事情,它就犯了罪。国家只有在按照理性的指导活动时,才最为充分地把握了自己的权利,如果它的活动违反了理性,也就是违反了自己的本性,或者说是犯了罪。

为了更清楚地说明这一点,我想说,如果一个人有权利按照自己的意愿去处理某个事物,那么这一处理不仅会受到他本人力量的限制,还会受到被处理事物的条件限制。例如,我有权按照自己的意愿处理眼前这张桌子,这并不是说我就有权让它去吃草。同样的,尽管人们不是处在自己的权利之下,而是处于国家的权利之下,国家也没有权利让人们长出翅膀来飞翔,或者让他们崇拜其厌恶的东西。我的意思是,国家必须具备某些条件,才能让臣民对它有敬畏之心;如果这些条件不具备,臣民就不会有敬畏之心,国家也就不复存在。对于最高统治者来说,他不可能一方面酗酒嫖妓、坦胸露乳、品行不端、蔑视和破坏自己颁布的法令,另一方面还能保持自己统治者的尊严,这就像一个人不可能既存在又不存在一样。而且如果他有残杀和掠夺臣民、诱奸妇女等行为,就会把人们的畏惧激化为愤怒,从而让国家状态变为战争状态。

现在我们知道,在什么意义上可以说国家也受法律的约束和可能犯罪。这里的法律不是指单靠政治权利本身就可以实施的国家法律，而是国家为了自身利益不得不遵守的种种法则，它们都属于自然法的范围。国家之所以接受这些法则，就像一个人在自然状态中为了掌握自己的权利而要做的一样，他不是去服从什么，而是其人性自由的体现。国家为了维护自身的自由，也没有必要服从其他任何东西；除了对自己来说是善恶的东西之外，也没有必要再去确立别的善恶。国家不仅有权利维护自身，制定和解释法律，还有权利废除法律，根据自己最高权利来赦免任何罪犯。

如果一个契约或法律关乎人民把自己的权利委托给某个议事机构或某个人，由于它损害了公共利益而被要求废止，那么是否可以废止？这是可以废止的，不过对此做出判断的只能是最高统治者，而不能是其他任何人。按照政治权利的规定，最高统治者是各种法律的唯一解释者。因此这些法律都不能约束他。然而，如果最高统治者破坏法律造成的后果是削弱了整个国家实力，使得大多数公民对国家的敬畏之心变成对最高统治者的愤怒，那么这种对法律的破坏就会造成国家灭亡、契约失去效力。因此，对这种契约的维护和施行并不是借助于政治权利，而是借助于战争权利。最高统治者之所以不得不遵守契约规定的种种条件，就像一个人在自然状态中为了生存不得自取灭亡一样。

人们有权利去做的所有事情，不可能都是最好的。例如，有权利耕种某块土地，并不等于就能够把它耕种得最好；有权利自卫、自我保存、做出判断，并不等于就能以最好的方法来自卫、自我保存和做出判断。同样的，最高统治者有权利治理国家，并不等于他就能够最好地治理国家。下面我就谈谈最好的国家状态是怎么样的。

国家的目的就是人民和平安全地生活。只要是社会秩序良好、能让人民安居乐业的就是最好的国家。实际上，像动乱、战争和违法犯罪等原因并不是由于臣民生性邪恶，而是由于政治腐败。人们并非生下来就是公民，而是被造就为公民的。老百姓的欲望冲动到处都是一样的,如果某个国家要比其他国家风气更为不正、犯罪更为猖獗,那么其原因必定是这个国家内部不够和谐、法制不够健全、国家权利未能充分建立起来。如果一个国家不能消除内患,还经常受到外来战争的威胁,法律形同虚设,那么它跟那种每个人都无安全保证的自然状态也就没有什么区别了。

臣民的行事邪恶、任意胡为和不服教化都应该归之于国家的缺陷,而他们的品德良好、谨守法规也应该归之于国家的功劳。臣民由于恐惧而不敢反叛,这样的国家还不能说是享有和平,只能说是没有战争。和平不仅是没有战争,它还得依靠作为精神力量的道德。因此,我所说的最好的国家是人们能够和平共处的国家,这里主要不是指跟其他动物相同的生理方面的特征,而是指人们以理性、道德和精神生活为特征的存在状态。还须注意的是,这里所说的以和谐生活为目的建立的国家是指自由的人民所创建的国家,而不是通过战争权利侵犯人民而形成的暴政。对于自由的人民而言,希望要比恐惧有着更强的指导作用;而对于被征服的人民而言,更多的是受恐惧而不是希望的支配。自由者追求的是让生活越来越好,而被征服者只求免于死亡。也就是说,前者是为自己生活,而后者不得不服从征服者。因此,前者是自由的,而后者是被奴役的。凭借战争权利侵略的国家是为了去压迫和支配人民,它拥有的只是奴隶而不是臣民。尽管就一般权利而言,这两种国家没有本质上的不同,但它们的目的是完全不一样的。因此借以维护自身的方式也完全不同。

社会形成的目的除了防御外敌之外,还为了分工。如果人们不互相帮助,就没有足够的技能和时间来让自己生存下去。这是因为,一个人不可能擅长各种工作,也无法满足自己的全部需要。如果每个人都要亲自动于耕种、收割、磨面、织布、裁衣等,那么时间和精力都是不够的,更不用说还有艺术和科学这两项对人性完满和幸福绝对必要的专业。一个没有文化的野蛮人过的生活就跟野兽一样可怜。人们若不互相帮助,就连最简单的生活必需品都无法获得。

如果人们生来就听从理性的指导,那么社会就不需要法律了,只要教给他们真正的道德规则,他们就会去追求自己真正的利益。遗憾的是人类的天性并非如此。每个人都会追求自己的利益,然而不是借助于理性,而是被肉体的本能和情感所支配,只看到眼前的利益。如果没有国家、武力和法律来约束人的欲望和冲动,社会就无法存在。尽管如此,人的天性是不可能被绝对压制的。因此,暴虐的国家是不可能长久的,而温和的政府则能够长久存在。

如果一个人行动的动机只是由于恐惧,那么这一行动是违背他的意愿的。因为这样做对他并没有任何利益,只是为了避免惩罚和保住性命。在这种情况下,如果有灾难降临到他的统治者头上,他一定会幸灾乐祸,哪怕这灾难也可能落到自己身上。一个人最难以忍受的是被同样的人所统治,为其服务。最后,国家一旦把自由给予了人,就很难再收回来了。

由以上所说可知,首先,权利必须属于整个国家,这样人们才愿意服从;而不是属于跟其他人相同的个人。如果权利一定要掌握在一个或少数人手中,他们必须显得跟其他人不同,或者尽可能地让其他人承认这一点。其次,国家的法律之所以能够让人遵守,是因为能够让人们有希望获得利益,而不是由于恐惧。这样人们才能各安其心,各尽其职。

通常意义下的服从是遵守外部事物的命令。因此在一个民主政体的国家,由于法律的制定是征得全体人民的同意,就不存在这种意义上的服从。在这样的社会里,无论法律的增减情况如何,人民都是自由的。因为这种增减都是经过人民自由的认可,而不是由于外部的权力。如果国家权利掌握在一个人手中,情况就恰恰相反,所有的人都必须听命于一人;除非人民一开始就被训练成完全听命于统治者,否则这样的统治就不可能实现。而在民主政体的国家,一旦给了人民自由,就不可能再收回它而去施行完全不同的法律。

——《政治论》《神学政治论》

4.君主政体(一)

如果人们生来就渴望对自己最为有利的事物,那就不需要费那么大劲来和平共处和讲求信用了。实际上,人的本性不是依靠理性,而是按照欲望冲动行事。因此,国家的构成必须让所有的成员,无论是统治者还是被统治者,也无论他们是自愿还是被强制,都不得不按照公共利益行动,也就是按照理性的指导而生活。要做到这一点,国家就不能把有关公共利益的事情完全寄托在个人的信用上。就像每个清醒的人都有打瞌睡的时候一样,每个意志坚强的人也有陷入冲动激情而无法自拔的时候。我们不能要求一个人去做任何人都无法做到的事,例如关心他人超过关心自己、完全没有贪欲、嫉妒和野心等,对于那些容易受到各种激情冲动诱惑的人来说尤其如此。

然而历史的经验似乎向我们显示,如果把国家权利交给一个人掌握,反而对国家的和谐、和平有利。例如土耳其人的国家就是历史悠久而没有什么变化,而那些民主国家却存在的时间短暂并且内乱频发。但是和平跟奴役、野蛮和土地荒芜是不相容的。尽管同主人跟奴隶之间的关系相比,父母跟子女之间的争吵更为频繁而激烈,如果要把父子关系变为主奴关系,却只会让家庭生活更糟。同样的,如果把全部权利都交给一个人,造成的结果是奴役而不是真正的和平。因为和平不仅是免于战争,更是精神上的一致。

实际上仅仅一个人是不可能掌握国家最高权利的。权利由力量所决定,而一个人的力量毕竟是很有限的。因此被选任君主的人还得为自己寻找一些共同执政的人,将自己和所有公民的福利和安全委托给他们。这样,我们认为是君主政体的国家实际上是贵族政体,一种隐蔽的不公开的贵族政体,因此也是最糟糕的贵族政体。如果君主还是孩子,或者体弱多病,或者年事已高,那么他只在名义上是君主,最高权利已经落入那些重臣手中。有些君主沉迷于酒色之中,只知道满足那些宠妃的欲望,情况就更加糟糕。除此之外,对于君主来说,公民往往是比外敌更大的威胁,因为对他忠诚的公民并不多见。于是他对公民的畏惧更甚于外敌,不但不为公民着想,反而会一味算计他的公民,特别是对那些有德、有才或有财的人。另外,君主对自己的儿子是畏惧超出了爱护;如果儿子因深谙谋略、骁勇善战、品德优良而深受臣民爱戴就更是这样。于是君主希望通过教育消除自己对儿子的疑虑,而他手下的臣子们按照其意旨,尽可能地把王位继承者培养成容易控制的平庸之人。

由上所述可知,越是毫无保留地把国家权利交给一个君主,他就越是不能享有自己的权利,而臣民的境况就越是糟糕。因此,我们必须让君主政体建立在一个牢固的基础之上,这一基础就是若干基本原则。根据这些原则,君主获得安全,老百姓获得和平;君主在充分考虑老百姓的福利时,也充分享有自己的权利。下面我将这些基本原则逐一列出。

要建立一个或几个设防的城市。城市的公民,无论住在城内还是城外,都享有同样的权利。在每个城市里都有一定数量的公民能够保卫这个城市以及国家。如果达不到这一条件,该城市只能作为一个附属城市。

军队由国家的公民组成,外国人不能参军,所有的公民都要服兵役。因此,每个公民都要带有武器,并且只有在通过军事训练并承诺每年服一定期限的兵役后才能登记为公民。来自各个部落的军队再分为军团和大队，大队长必须由精通城防技术的人担任。大队和兵团的指挥官实行终身制。而指挥整个部落的司令官只能在战争期间选任，任期一年，以后不得连选连任。司令官候选人的范围是君主的顾问或曾任顾问的人。

所有的城市居民和农民，也就是全体公民，都应该归属于某个部落，每个部落都有自己的名称和徽记。出生于每个部落的人都应算作该部落的公民，到了一定年龄（能够拿起武器并能尽公民的义务）就在自己所属部落的公民名单上登记。但被判刑的犯人、哑巴、精神病人以及依赖他人为生的奴仆不在登记之列。

田地和房屋都是公共财产，属于国家最高统治者。他将田地和房屋按年度租给本国公民，租金归国家所有。此外国家在和平时期不应再收取其他任何赋税。租金收入的一部分用作王室经费，另一部分用于国防。在和平时期也要巩固城防，维护保养战舰和其他武器，以备作战。

一旦从某个部落选出一人担任君主，那么只有他的后代才是王室贵胄，有资格佩戴相应的徽记，跟本部落和其他部落的人相区别。跟君主有血缘关系的王室贵胄，如果已出三代，不得结婚；若已有私生子，这些私生子不得担任高职，不得继承父母遗产，遗产应归君主所有。

君主应该有多名在地位上仅次于他的顾问，这些人从公民中选拔。每个部落可选出三到四人，如果所有的部落不超过六百，可选出五人。这些顾问组成顾问委员会。他们的任期为三、四、五年，每年须更新三分之一、四分之一或五分之一的人数。从每个部落中选拔的顾问至少有一个是精通法律的。顾问由君主亲自选定。每年规定的时间各部落向君主提交一份名单，是该部落年满五十岁、应该列为顾问候选人的所有公民，由君主从中挑选他愿意要的人；如果某一年是从该部落挑选一名精通法律的顾问，提交给君主的名单就只是精通法律的候选人。任期已满的顾问不得继续留任,而且在五年甚至更长时间内不得再列入候选人名单。每年从每个部落中仅选一人为顾问,这是为了避免顾问委员会有时全由新人担任,有时又全是旧人。采用这种办法,顾问委员会的新人只占五分之一、四分之一或至多不超过三分之一。如果君主由于某种原因不能亲自选任新的顾问,顾问委员会可以临时选任新人,以后再由君主另外选任或确认顾问委员会选任的人。

顾问委员会的主要任务是维护国家根本大法,对行政事务提出建议,帮助君主为公共利益做出决策。君主在没有听取顾问委员会的建议之前,不得擅自决定任何问题。如果顾问委员会意见不一,甚至对某一问题讨论两三次仍未能形成统一意见,那么就不应该再拖下去,而是把不同意见提交君主来处理。顾问委员会的任务还包括颁布君主的法令、调查法令施行的情况、代表君主监督国家行政。

顾问委员会是公民同君主之间联系的唯一渠道。公民向君主提出的所有要求或请愿都得通过顾问委员会转交。外国使节也须向顾问委员会申请后才能获准被君主召见。另外,由其他地方寄给君主的信件也得通过顾问委员会转送。总而言之,如果说君主是国家的大脑,那么顾问委员会就是国家的肢体或感觉器官。前者必须通过后者来了解国家的情况,以便采取对自己最为有利的政策和措施。顾问委员会还有教育王子的任务。如果君主去世而继任者年幼,顾问委员会还负有监护人的使命。它须任命王室贵胄中年龄最长者为摄政王,在君主继任者达到掌权的年龄前代理君主职务。

顾问委员会的候选人应该十分了解本国政治制度、基本法律和国情,而法律顾问的候选人还要了解外国的政治制度和基本情况。有资格列入候选人名单的必须是年满五十岁并且没有犯罪前科的人。

顾问委员会只有在全体成员都出席的情况下才能对国家事

务做出决定。如果某个顾问因病或其他原因不能出席，他必须从自己部落中另找一人作为代表参加会议，这位代表要么曾经是顾问，要么是候选人名单上的人。如果他没有另派代表而导致会议延期，他会被处以巨额罚款。这里的国家事务是指事关全国利益的事情，如战争或和平问题、废立某个法律、与外国通商等。如果讨论的问题只涉及个别城市，或者类似于审议某个请愿书的事情，那么只要有超过半数的成员出席就可以了。

顾问委员会每年至少召开四次会议，听取官员的行政报告，了解情况，做出相应的决定。在休会期间，由五十名以上被推选出来的顾问组成顾问委员会的常务委员会代理它的职能。常委会每天都在王宫附近的会议厅办公，对财政、城防、王子教育等日常事务进行监督，但无权对顾问委员会未做决定的新问题进行处理。

顾问委员会下面设立一个由法官组成的委员会，它的任务是对诉讼做出裁定，对犯罪行为做出判决。但这一判决必须得到顾问委员会常委会的审核批准。这个法律委员会的成员不宜太少，而且应该是奇数，例如六十一人，或者至少五十一人。每个部落推选一名法官，法官不是终身制，每年都有一定数量的法官退职，同时由各部落选派同样人的法官接任，年龄应该不小于四十岁。只有全体法官出席，才可以对案件做出判决。如果有法官因病或其他原因不能出席，应该另行选派一名代表。

君主不能跟外国女子结婚，只能娶自己的亲戚或公民中的妇女为妻。如果君主娶公民中的妇女为王后或王妃，那么她们的近亲不能担任官职。如果君主的儿子不止一人，由于统治权不可分割，应该由长子继承王位。由众王子瓜分国家的事情是决不允许的，也不允许由众王子共同管理国家。君主也不能拿国家的一部分作为公主的嫁妆，或者由公主继承王位。君主去世后如果没有儿子，应该以血缘最近的亲属做王位继承人，唯一的例外是该人已娶外国女子为妻，并且不肯跟她离婚。

每一个公民都必须服从君主通过顾问委员会颁布的所有法令，即使他认为这些法令是错误的。这是君主政体的一条基本原则，是国家稳定的基础。

国家不能动用城市的经费来兴建任何教堂，也不能制定任何针对思想信仰的法律，除非这种思想信仰是煽动叛乱和破坏国家的基础。因此，那些公开进行宗教活动的人可以自愿出资修建教堂。而君主为了自己信奉的宗教，应该在宫廷内修建自己的教堂。

——《政治论》

5.君主政体(二)

我首先要说的是，对于已经确立的法律惯例，就是君主本人也不能予以废除。这样做既不违反理性，也不妨碍臣民对君主的绝对服从。国家的基本原则就是君主永久不变的决定。因此，当臣民拒绝执行君主发布的违反基本原则的任何命令时，他们对于君主仍然是服从的。实际上君主不是神，而是平常人，也会受到各种诱惑。如果所有的事情都由个人变化不定的意愿所决定，国家就不会稳定了。为了国家的安定，君主政体应该让君主决定一切，所有的法律都是君主意志的表达，然而并不是君主的所有意愿都具有法律效力。

最高统治者的职责是熟悉国家的状况和事务，了解人民的福利，为大多数臣民谋利益。然而一个人的精力有限，由于疾病、年龄等原因有时无法做事，他必须通过一些顾问来了解国情，有时让他们代表自己行使权利。这样才能让国家保持连续稳定的局面。

从人的本性看，每个人都是尽可能地追求自己的利益，只要是在他看来能够增加自己利益的法律，他都会认为是公平的；只是在对自己有利的前提下，他才会去维护他人的利益。那些担任顾问的人应该是把个人利益同人民利益联系在一起的人。这样,在顾问委员会里,由多数票通过的议案才可能是对大多数臣民有利的。

由于君主有人数众多的顾问,在顾问委员会向君主提出的建议中,必定不乏有利于增进人民福利的意见。而人民的福利就是最高法则,也就是君主的最高权利。因此,君主的权利就是在顾问委员会提交的种种意见中选择一种,而不是违背整个顾问委员会的意见做出决定或另搞一套。

顾问委员会的大多数人都不愿意进行战争,反而会渴望和平。因为一旦爆发战争,他们的自由和财产有可能丧失,还得负担额外的战争费用;另外,他们的子女和亲戚还不得不应征入伍作战。我说过,国家不得给军人任何俸禄,而且军队只能由公民组成。为了让大家都赞同和平,国家的另一个重要规定是:任何公民都不得拥有不动产。这样一来,战争的危险对每个人来说几乎是一样的。

向顾问委员会的人行贿的事情是不会发生的。这是因为,顾问的人数众多,收买其中几个人是于事无补的。实际上,顾问委员会规定,未能获得一百张以上选票的议案是无效的。

无论君主的动机是什么,是由于害怕民众,还是为了讨好大多数武装的公民,或者是考虑到公共利益,他都得二选一:要么批准顾问委员会上得票最多的议案,也就是对大多数人有利的议案;要么尽可能地调和会议呈交给他的各种不同意见,为的是获得所有人的拥护。因此,越是能够关心人民的共同福利,他就越是能够享有自己的权利,其君主的地位也就越巩固。

实际上仅凭君主自身的力量并不能震慑全体臣民,他的权利要靠军队的数量以及士兵的忠诚和勇敢。而人们只有因共同的需要联合在一起时,才能维持这种忠诚。君主往往会鼓动自己的军队而不加节制,纵容他们的恶行,甚至重用那些地痞流氓来控制老实巴交的普通士兵。为了提高公民在君主心目中的地位,保证他们的权利,国家应该规定:只有公民才有资格成为军队和顾问委员会的成员,不允许君主建立雇佣军。一旦有了雇佣军,公民必定会遭受极大的压迫,而战争永无停止之日。因为雇佣军的职业就是战争,在战争和动乱中雇佣军的势力必定会恶性膨胀。

君主的顾问不能实行终身制。如果他们任职终身,其他公民就失去了任职的机会,会感到不公平,造成公民之间的怨恨,甚至可能导致叛乱。另外,终身制还让在职的顾问不担心后继者对他们不当行为的追究,变得任意胡为起来,而君主却无法约束他们。而顾问们越是可能被公民所痛恨,就越是会依靠君主,向其讨好献媚。对于君主来说,最大的危险往往来自那些离他最近的亲信,顾问的人数越少,他们的势力就越大,对君主来说也就具有更大的被篡夺权利的危险。如果顾问的人数很多,他们就不容易在图谋不轨的事情上达成一致。如果他们的地位平等而且任期不超过四年,就不可能对君主构成威胁,除非君主试图剥夺他们的自由;如果君主这样做,就等于触犯了所有公民的利益。君主行使绝对的统治,对他自己来说是十分危险的,也是公民最为憎恶的。因为这既不符合神的法律,也不符合人的法律。

城市越大,城防越巩固,城市的公民就越有力量,因此越能够充分享有自己的权利。实际上,公民住的地方越安全,他们就越能够维护自己的自由,越能对付国内外的敌人。国民的财产越多,他们就越会考虑自身的安全。如果一个城市需要借助其他城市的力量来维持自己的生存,它就失去了跟其他城市同样的权利,而成为它们的附庸。我说过,权利只是根据力量来决定的。因此,为了保持自身的权利和自由,公民必须自己组成军队,每个公民都得服兵役。实际上武装者要比非武装者更能充分享有自己的权利,一旦公民把武器交给雇佣军,让他们来保卫城市,就等于把自己的权利转交给对方,并相信对方是忠诚的。而雇佣军所需费用是巨大的,公民难以承受为此而征收的赋税。在一般情况下,不应该任命一个人来统率全军或大部分军队，除非是由于紧急情况；而且在这种情况下，司令官的任期也不应该超过一年。不应该让司令官有充足的时间来获得太大的声誉，以至于超过了君主，而且通过真正手段把军队掌握在自己手中，从而支配国家的全部力量。军队的司令官应该从君主顾问或曾经是君主顾问的人中选任；他们是年长者，通常会维护已有制度的安全，而不愿冒险去搞什么新的东西。

在自然状态下，人们最不能占为己有的东西就是土地以及同它结合在一起的物品。土地和附着于其上的不动产属于公共财产，也就是属于联合在一起能够保卫土地的所有人，或者属于这些人授权而能够保卫土地的那个人。对所有的公民来说，土地以及附着于其上的不动产之价值就在于他们能够居住于其上并保卫自己的共同权利，即自由。

有人认为，既然君主是国家最高统治者，拥有绝对的权利，他就可以把统治权交给自己喜爱的人，随意挑选继承者。因此君主的儿子才成为法定继承人。这种看法是错误的。实际上统治的权利完全由力量所决定，君主只有在掌握国家权力时，其意志才具有法律效力。因此，君主退出王位后，如果未能得到人民或人民中较有力量的部分默认，就不能把统治权转让给任何人。为了更清楚地说明这一点，我要指出的是，孩子成为父母的继承人，不是根据自然法，而是根据政治法。这是因为，只有根据国家的力量，一个人才可能成为某项财产的主人。只要国家存在，即使一个人已经死亡，其意志仍然具有效力，他死后仍然保留着其生前的权利，他不是凭借自己的力量，而是凭借国家永恒存在的力量才可能对自己的财产做出有法律效力的决定。然而君主的情况完全不同，君主的意志就是政治法，君主本人就是国家。如果君主去世，在一定意义上说国家也就不存在了，人们又回到自然状态。这样，统治权又回到人民手中，人民有权制定新法律并废除旧的法律。

由此可知,君主的合法继承人应该是被人民拥护的人。君主的权利实际上就是人民或其中较有力量的部分之意志,而具有理性的人们是不会完全放弃自己的权利的。

有些人认为,只有平民才有人类天生的那些缺陷,他们说,民众总会走极端,如果不让他们俯首帖耳,他们就会任意胡为,要么是低眉顺眼的奴仆,要么是两眼朝天的主子,不可能有的别的状态,既没有是非观念,也不诚实,等等。我跟他们的看法不一样。在我看来,人类的天性只有一种,并且所有的人都是一样的。统治者的特点就是骄傲。一些人做官才一年就自命不凡,而那些享誉终生的贵胄更是不可一世。说平民没有是非观念或不诚实,是因为国家大事从来不向他们公开,他们的判断只能根据那些无法隐瞒的极少事实做出,在这种情况下要想让他们不得出错误的结论是不可能的。实际上那些当官的人跟平民在天性上无任何区别。

我认为,国家要想保守自己意图的秘密是很困难的。同时我也知道,如果这种保守秘密是暴君试图掩盖自己的罪恶阴谋,那还不如把国家的意图公开,哪怕是让敌人知道也无所谓。只要是能够秘密处理国家事务的人,他掌握的是国家全部权利,往往会对公民布下陷阱,就像战争时期对待外敌一样。保守国家秘密固然有它的好处,将国事公开也不一定就会导致国家灭亡。如果公民们把国家事务毫无保留地交给一个人,同时又想保持自己的自由,那是绝不可能的。这种做法实际上是两害相权取其重,是十分愚蠢的。那些想掌握绝对权利的人总是说,秘密处理国家事务是为了国家的利益。这是打着为国为民的旗号,实际上干的是奴役人民的暴政。

最后,我的结论是,只有君主的权利完全取决于人民的力量,并通过人民的拥护来维持,人民在君主的统治下才有充分的自由。这是我在制定君主政体基本原则时所遵循的唯一规律。

——《政治论》

6.贵族政体(一)

所谓贵族政体是从人民中选出一些人来掌握统治权的国家，这些人被称为贵族。我这里说"选出一些人来掌握统治权"，这就指出了贵族政体与民主政体的区别。在贵族政体中，统治权利是由贵族推荐选拔而产生的；而在民主政体中，统治权是一种与生俱来的权利。因此，即使全国人民都是贵族，只要统治权利不是世袭，也不是依法转让给他人的，这个国家仍然是贵族政体。因为只有特别选拔出来的人才能进入贵族之列。如果这个国家只有两个贵族，两者之间势必进行力量的博弈，国家会分裂为两派；如果统治者为三、四或五人，国家就会分裂为三、四、五派，同时各派的力量会相应减弱。为了保持贵族政体的稳定，贵族的人数不能太少，其限度根据国家的大小来决定。

一个中等规模的国家大约有一百名优秀者掌握统治权才足够。如果其中有人去世，他们有权在贵族中选拔新人。这些人会尽可能地让自己的后代或亲戚来接班。统治权往往会落入这些贵族的后代或亲戚的手中。这些官二代或官三代，一百人中优秀者最多两三个。这样一来，统治权就被这两三个人所控制，由于野心起作用，这种贵族政体最后势必会走向君主制。因此，如果我的估算正确，在一个中等规模的国家里，至少应该有五千名符合条件的统治者候选人。我想，每五十名候选人中，总会有一个以上的优秀者，这样，选拔出来任统治者的优秀人物之总数应该不少于一百名。

贵族往往是国家都城的公民，因此这个城市也就成了国家的名称，如古代的罗马共和国，现在的威尼斯共和国、热那亚共和国等。而荷兰共和国用的是全省的名称，因此这个国家的公民享有最大的自由。在确定贵族政体基本原则之前，我们应该搞清楚将权利委托给一个人和将权利委托给规模较大的国务委员会之间的区别。我说过，一个人的力量并不足以承担整个国家的统治，然而一个规模较大的国务委员会却有这样的力量。一个君主需要许多顾问，而贵族政体的国务委员会却不需要另外的顾问。君主无法长生不老，而国务委员会却可以永远存在。统治权一旦交给规模较大的国务委员会，就再也不会回归于人民。由此我们可以得出结论：委托给规模较大的国务委员会行使的统治是绝对统治或近似于绝对统治。所谓的绝对统治必定是依靠全体人民行使的统治。

　　既然这种贵族政体的统治权绝不可能回归于人民，民众无法参政，国务委员会的所有意志都具有法律效力，它就应该是绝对统治了。于是它的各种基本原则只是根据国务委员会的意志和判断，而人民是被禁止表达政见，不能对国家大事进行监督和表决。如果说这种政体还不算是绝对统治，那是因为人民自身还保有一定的自由，能够让统治者感到畏惧。尽管法律并没有明确规定，人民也有权要求和维护这一自由。由此可知，最好的贵族政体应该是最接近于绝对统治的，尽可能地不让人民成为统治者畏惧的对象；而人民除了国家根本法必定允许的自由之外，没有其他自由。因此，这种人民的自由说到底是整个国家的权利，是作为统治者的贵族所要求和维护的。

　　如果统治权全部交给国务委员会，平民就不用担心被压迫和奴役。一个规模较大的国务委员会的意志必定不会是出于一时冲动，而是理性的。因此，在确立贵族政体基本原则之前，我们应该保证这些原则完全是根据国务委员会的意志和力量，从而让它尽可能地掌握自己的权利，并且没有被人民威胁的任何危险。

　　这种国家必须建立多个城市，而对于都城和边境城市尤其要加强防守。国家首都掌握着最高权利，必定比其他城市更有力量。在这种国家里人民不需要分为部落。贵族政体要求的是贵族之间实现平等，而不是所有人之间的平等，特别是由于贵族的力量要大于平民的力量,这种国家的根本法并没有规定只有国民才能组建军队。有些人主张不允许平民参加军队,这一主张是错误的。与其把军饷花在雇佣军身上,还不如付给参军的平民,人们在为自己的国家而战时才会勇气大增。同样的,那种认为只应该从贵族中选拔军官的看法也是错误的。如果士兵失去获得任何荣誉和提拔的希望,他们就不可能奋勇作战。另一方面,在必要的时候,贵族政体也可以招募外国雇佣军作战,无论是对外御敌还是镇压内乱。国家应该在战时任命军队司令官,并且只能从贵族中选拔。司令官任期不超过一年,以后不得延长或重新任命。这一规定对于贵族政体要比君主政体更为重要。贵族被自己的司令官控制的情况还是比较常见的,这种情况对于共和国的危害尤其大。这是因为,废黜一个君主不过是换了一个暴君,国家体制并没有改变;而在贵族政体下统治权的改变必定会推翻一个国家,让人们遭受苦难。在罗马的历史上就不乏这样悲惨的例子。我说过,在君主政体下不宜给服役军人薪饷。而贵族政体的情况不一样,既然平民不能参政,他们就被看成是外国人,那么他们服役的待遇就不应该低于外国雇佣军。

在贵族政体国家,除了贵族,其他人都是外国人。因此不能把田地、房屋等都充作公共财产,再租给平民使用。由于他们毫无参政的权利,在遭遇饥荒年景时很容易逃离国家出走。因此,在贵族政体下,应该把田地和房屋卖给平民,让他们有不动产,还应该附有条件,即将每年收获的一部分缴纳给国家。

在我看来, 大多数贵族政体国家最开始的时候是民主政体。一群人定居在一块新开垦的土地上,他们会保持所有人共享统治权的制度,因为谁都不愿意把统治权交给他人。然而当大批外国移民涌入国内时, 他们认为后者跟他们享有同等权利是不公平的,而外国移民对此也没有什么意见。因为他们来这个国家不是为了掌握统治权,而是为了谋生,只要让他们安居乐业就很满意了。随着外国移民的不断增多,他们逐渐被原有的居民所同化,除了不能担任公职外,跟后者没有什么区别。与此同时,原有居民由于种种原因不断减少:有些家族没有后代,有些人因犯罪而被流放,还有许多人因家道中落而不理国事,还有些力量强大者试图独掌政权。于是统治权逐渐落到少数人手中,国家变为贵族政体。最后,政权落入一个人手中,国家由贵族政体变为君主政体。

在贵族政体国家,首先要确定贵族人数与平民人数的比例。这一比例应该是固定的,这样,随着人口的增加,贵族的人数也应该相应地增加。这一比例应该是不小于一比五十。换言之,贵族的人数只能比这高,不能低于这一比例。即使贵族的人数大大超过平民的人数,这个国家仍然是贵族政体;而贵族人数低于这一比例,这一政体就有可能面临危险。有些地方规定,贵族只能从某些家族中选拔产生。这样的规定是十分有害的。因为这些家族有可能没有后代,而其他家族会感到不公平。如果贵族的称号变成世袭的,那就违反了贵族政体的本质。如果法律规定不得选拔年轻人,那么统治权就不可能落入少数家族手中。因此,必须由法律做出规定,国民年满三十岁才能列入国务委员会候选人的名单。

法律应该规定,所有的贵族在确定的日期到城市内某个地方开会,除非有病或有公务,任何人缺席国务委员会都会受到重罚。如果没有这一规定,许多人就会放弃公务而去搞自己的经营活动。国务委员会的职能是制定和废除各种法律、选拔新贵族、任命政府官员。如果把制定和废除法律的权利授予他人,那就等于放弃自己的权利,将权利转让给他人;相反的,如果根据法律在一定期限内委托他人处理国家日常事务,统治者不会放弃自己的最高权利。

有的地方按照惯例为国务委员会设立一名总督或议长,是终身制,例如在威尼斯;也有采用任期制的,例如在热那亚。不过他们在这样做时是很小心的,知道这对于国家有极大的危险:这种做法使得国家近乎君主政体。其原因是，人们在设立国务委员会之前，就像接受君主统治一样，接受了总督或议长的统治。由此可知，选任这种执政官或许是国民的要求，却并非贵族政体所必须的。

由于贵族政体国家的统治权属于国务委员会全体，并不属于委员会的各个成员。因此，所有的贵族都得借助于法律的约束在共同思想的指导下成为一个整体。然而法律自身并没有多大力量。如果法律的守护人同时也是能够干违法之事的人，或者是必须在被刑罚后才会守法的人，那么就不得不对其进行惩罚，从而控制其狼子野心。这样一来，法律往往会遭到破坏。在尽可能地让贵族之间保持平等关系的同时，我们还应该寻求适当的方法来保证最高国务委员会的秩序和国家法律不被侵犯。

——《政治论》

7.贵族政体（二）

在国务委员会里设立总督或议长，同时总督或议长也有投票表决权，这必然会导致委员会成员之间的不平等。因此，最为公平的办法是取消这种设立，在最高国务委员会之下再设立一个由若干贵族组成的专门委员会，其职能是维护各级国务委员会和政府官员执行的国家法律，使之不被侵犯。该委员会的成员有权传讯任何渎职违法的官员，并根据法律定罪。这个专门委员会的成员被称为护法官。

被选任的护法官实行终身制。如果实行任期制，护法官卸任后还可被选任其他官职，这会带来很不好的后果。为了防止他们长期任职而可能产生的骄傲自大，法律应该规定，只有年满六十岁的前任元老院的元老才可以担当此职。由于护法官对整个贵族阶层的关系就像贵族对平民的关系,护法官对贵族的比例应该不低于一比五十。为了保证这个专门委员会的安全,应该给它配备一支军队,完全由它来指挥。

法律应该规定,对于护法官以及其他政府官员不支付固定的薪水;付酬的方法应该让他们不敢渎职,否则会遭受财产上的巨大损失。当然,在贵族政体下,给予政府官员工作上的报酬是必须的。因为国家大多数人是平民,他们不担任公职,只干自己的私事,其安全由贵族予以保证。然而人的本性是,只有在自己的利益得到增强的时候,才会维护他人的利益。国家应该这样来安排护法官的工作:只有在他们最为关心公共利益时,才可能获得自己最大的利益。具体来说,国家的付酬方式是,各地的家族每年都应该付给护法官少量的钱币。护法官由此可以了解全国人口情况和贵族所占比例。新贵族当选后必须向护法官委员会缴纳一大笔钱。此外,在国务委员会开会期间缺席的贵族所交的罚金也归护法官所有。违法犯罪的官员经由护法官委员会审理后缴纳的罚金或被没收的财产其中一部分也归护法官所有。但这些钱不是给全体护法官,而是给那些每天参加护法官会议的人。

为了保证护法官会议的人数不缺少,在最高国务委员会的会议上,首先要讨论的就是补足其缺额的问题。法律应该规定,凡是年满三十岁,又不是法律禁止参政的人员,都必须把自己的姓名登记在护法官委员会的贵族名单上,并且在付出一定费用后从护法官那里获得一种标志,例如一种跟他人不同的服饰,表明自己的新身份。法律还应该规定,在选举时,任何人不得提名贵族名单上没有的人,否则将遭到重罚;同时任何人也不能拒绝被选任的职务。最后,为了保证国家基本原则不会改变,法律还须规定,任何人如果在最高国务委员会上提出修改基本原则,例如要求延长军队司令官的任期、减少贵族人数等,他就是犯了叛国罪,不仅应该被判处死刑和没收财产,其罪行还会被刻在公共场所的石碑上，让人们永远记住他的罪行。至于其他一些不涉及基本原则的法律，只要首先得到护法官委员会全体通过，然后由最高国务委员会四分之三或五分之四以上的多数通过就可以废除或者订立。

护法官委员会有权召开最高国务委员会会议，并且提出议案供表决。护法官在会议中位列上座，但没有表决权。在出席会议前，他们必须以最高国务委员会的安全和人民的自由宣誓，尽可能地维护国家各种法律和增加公共福利，然后通过秘书向最高国务委员会提交有待表决通过的诸议案。

威尼斯人的办法很值得我们效仿。他们为了保证所有的贵族在决策和选拔官员上具有平等的权利，以及让办事效率得以提高，在选拔政府官员时，先是用抽签的方式从国务委员会中选出若干人，由他们提名候选者，然后让每个贵族拿小石头投票，黑色和白色石头各自表示赞成或反对，这样以后就无法查出某人投的是赞成或反对票。这一办法不仅保证了所有贵族权利上的平等，而且办事效率很高，每个贵族投票绝对自由，不会由于表达了自己的意志而招致嫉恨。对于各级国务委员会来说，这都是十分重要的。

在护法官委员会和其他各级国务委员会的会议上都应该采用同样的办法，即用无记名的小石头投票。但召开护法官委员会会议以及向最高国务委员会提出各项议案的权利应该属于护法官委员会的议长。该议长应该每天跟至少十位护法官一起办公，听取平民对官员的意见和秘密投诉，必要时可以拘留被告；如果议长及其同事认为某事不宜耽误，可以随时召开护法官委员会的特别会议。议长及其一起办公者应该由最高国务委员会从护法官委员会中选任，其任期不是终身制，应该不超过六个月；其任期不得延长，三四年内不得重新被选任。

在最高国务委员会之下设立的第二个专门委员会被称为元

老院。元老院的职责是处理行政事务,诸如颁布国家法律、组织各地城防、向军队发布命令、向臣民征收税赋、召见外国使节、向国外派遣使节,等等。不过使节的派遣必须通过最高国务委员会。最重要的是,只有最高国务委员会才有权选派贵族担任公职,否则那些贵族就会想尽一切办法去讨好元老院。元老院关于战争与和平的决议必须提交最高国务委员会批准才能生效。同样的,征收新赋税的决定必须由最高国务委员会而不是由元老院做出。

关于元老院元老人数的确定必须考虑这样几点:首先是让所有的贵族都有获得元老资格的可能,其次是让卸任后的元老经过一段时间后能够重新被选任,最后是元老中必须有较多的德才出众者。为此,法律应该规定,贵族必须年满五十岁才有资格当选为元老。元老人数为四百名,占贵族总数的十二分之一,任期为一年;元老任期满两年以后可以重新当选。这样,大约有四分之一的贵族除了短暂的间隔外可长年担任元老。元老人数和护法官人数加在一起,比年满五十岁的贵族总数少不了多少。所有的贵族都有希望获得元老或护法官的职位。

关于元老的薪水,应该从和平状态中获得的利益要大于从战争获得的利益。因此,应该把商品税的百分之一或二分给他们。法律还应该规定,现任和前任元老都不得在军队任职,并且元老和两年内担任过元老的贵族,其子弟不得担任军队各级司令官。这样,除非是国家到了生死存亡关头,元老们决不会主张战争。

最高国务委员会选派若干护法官出席元老院会议,但他们没有投票权。他们的任务是监督有关元老院的法律是否得到执行,在元老院向最高国务委员会提交议案时准备召开会议。前面说过,召开最高国务委员会会议以及提出应表决的议案之权属于护法官。不过在最高国务委员会就议案进行表决前,元老院院长应该说明有关情况,表明元老院的意见及其理由。

元老院的全体会议不需每天召开,但应该定期召开。在闭会期间应该委任若干元老代行其事，主要任务是：在必要时召集元老院全体会议，执行各项决议，接收和阅读有关函件，以及商讨应该提交元老院全体会议的事项。这样的人被称为执政官。他们是以抽签或投票的方式选出的，任期三个月，由元老院和出席元老院全体会议的护法官选任。执政官的人数不能太少，大约不少于三十，以免被人行贿收买。

　　贵族政体对法官的人数没有什么特别的规定。不过人数不能太少，以免被人行贿收买。法官的职责是不让任何人伤害他人。因此他们应该解决个人之间的冲突和纠纷，无论这些人是贵族还是平民。法官必须惩罚犯罪者，即使他是贵族、护法官或元老也不例外。法官必须由最高国务委员会从贵族中选任。无论是民事诉讼还是刑事案件，只要程序合法、审判公正，法官的判决都是有效的，而护法官有权对此做出调查和裁决。法官薪水的来源：一是民事诉讼中从败诉一方获得的费用，二是从刑事案件中没收的财产、罚金等。这里有一条原则就是，决不允许法官使用刑讯逼供。这样一来，就可以防止法官对平民不公平和对贵族过于宽容。由于法官人数较多，在判决时实行无记名的小石头投票，败诉者无法迁怒于任何法官。此外，由于护法官的监督，法官一般不会做出不公正或无理的判决，也不敢搞什么花样。最后，我说过，护法官有权对法官的审判进行调查和裁决，平民可以通过向护法官投诉，让自己的权利得到保障。尽管这样一来，护法官难免会遭到许多贵族的仇恨，但他们可以在平民心目中获得极大的威望。护法官会尽可能地撤销不公正的判决，对于违法的法官予以严厉惩戒。

　　在各级国务委员会中，秘书之类的办事员没有投票权，应该从平民中选任。然而由于长期处理行政事务，这些人富有经验、明白事理，其经验往往受到过分的重视，以至于在国家中起着举足轻重的作用。这种情况曾经导致荷兰政府的倒台。这是因为，这种情况必定会引起许多贵族的强烈反感。如果元老院提交的意见不是出自元老们自身,而是出自一些办事员之手,这些元老必定都是无能之辈。这样,这个国家的情况也不会比少数顾问统治下的君主政体强多少。对此,我的基本原则有两条:一是平民不得参加议事和表决;二是国家最高权利属于所有贵族,而执行权属于护法官委员会和元老院。而召开元老院会议和提出、讨论、实施议案的权利属于元老院选出的执政官。此外还要规定一条:元老院和其他委员会的秘书任期为四年或五年, 另有一名助理协同其工作,任期相同;元老院的秘书应为数人,且各有分工。这样,这些办事员的权利就不会对国家造成威胁了。此外,从事财务工作的办事员也应该从平民中选任,他们应该向元老院和护法官委员会报告自己的工作。

——《政治论》

8.民主政体

一条关于人性的普遍规律是,一个人绝不会放弃对自己有利的东西,除非是希望由此获得更大的利益或者担心由此产生更大的麻烦;一个人也不会容忍对自己有害的东西,除非是希望由此避免更大的麻烦或者获得更大的利益。任何人都会两利相权取其重,两害相权取其轻。应该注意的是,我这样说并不意味着人人对于自己利害关系的判断都是十分准确的。这条规律是来自人的本性的一个永恒的真理或公理。由此可做的推论是,任何人都不会放弃他对于事物的权利;他也不会遵守自己的诺言,除非是担心有更大的麻烦发生,或者由此可带来更大的利益。例如,当我被强盗强迫交出自己的财产时,出于我的自然权利,我会假装答应他的要求,为的是从他手中伺机脱逃,而绝不会遵守对他的承诺。又如,如果我向一个人承诺二十天内不吃不喝任何东西,是出自真心的,后来发现这一承诺大有问题,我会因此而严重损害身体甚至丧命,于是我的自然权利使得我两害相权取其轻,我会抛弃承诺,去吃东西,就好像我从来就没有答应过此事一样。无论是出于什么原因,也无论我的理由充足与否,我的自然权利都会为了避免更大的损害而让我放弃承诺。

因此我们可以得出结论说,契约之所以有效,完全是因为它有用;否则就是无效的。因此要求一个人永远信守承诺,这是一个十分愚蠢的想法,除非我们能够让所订立的契约被违反后对于违反者来说是害大于利。这一点对于国家的形成至关重要。尽管人们做出承诺要信守契约,如果在他们后面没有一个东西作为保证,这样的承诺是不可信的。每一个人都有自然权利来说假话,不遵守契约,除非是希望由此获得更大的利益或避免更大的损害。然而一个人的自然权利只是限于他的力量;如果或者出于自愿,或者由于强迫,他把自己的力量交给他人,这就必定会把一部分权利也转让出来。而统治所有人的那个人必定拥有最大的权利,他可以动用武力,以死刑的威胁来约束人们;他必须拥有实现自己意志的足够力量来维持这种统治,否则其地位就会动摇,力量比他更强大的人不会违背自己的意志而听命于他。一个社会可以这样形成而不违背自然权利的原则,订立的契约会永远得到严格遵守;也就是说,如果每个人都把自己的权利和力量交给国家,国家就具有统治一切的自然权利,这种统治权是绝对的,每个人都必须服从,否则就会受到严厉惩处。这样的政体就是民主政体。民主政体就是一个社会行使自己的全部权利,其统治权不受任何法律的限制,而每个人无论什么事情都要服从它;当人们把自己的所有权利都交给统治者时(无论其形式是明是暗),就会出现这种情况。人们这样做是服从理性的要求,因为它让我们两害相权取其轻。

有人担心这种绝对地服从他人统治会带来某种危险。其实这种担心是没有必要的。统治者只有在其有力量行使自己的意志时，才能维持其统治；如果这种力量消失了，他的统治也就不复存在。因此，统治者强行实施极不合理的政策，这种情况是十分罕见的，因为他们不得不顾及自己的利益；他们要保持自己的统治权，就必须考虑到公众的利益，按照理性的要求行事。正如辛尼加所说："任何人都不可能长久保持专制统治。"在一个民主政体中，我们不必担心有那种不合理性的命令，因为一个民族的大多数人（特别是在这个民族很大的情况下），绝不可能容许一个不合理性的统治存在；而民主政体的根基和目的就在于避免那些不合理性的欲望和要求，让人们在理性的控制下和睦相处；如果这一根基被抽空，整个社会结构就会垮塌。

这就是统治的目的，而人民的义务就是服从统治者的命令，除了统治者所认可的权利之外，不再承认有任何其他权利。有人认为，这样一来人民就成了奴隶，因为只有奴隶才服从命令，而自由人可以任性而为。其实这是一种误解。那种被享乐欲望所控制的人才是真正的奴隶，因为他们既不知晓自己的利益之所在，也不为它而有什么行动。真正自由的是那些完全接受理性指导的人。从某种意义上说，一个人服从命令而行动确实是失去了自由，但并不因此就变成了奴隶，这要看其行动的目的是什么：如果他的目的是为了国家的利益，而不是为了自身的利益，他确实是一个奴隶；然而在一个民主政体中，最高原则是全民的利益，而不是统治者的利益，他服从最高统治权不会让自己变成奴隶，而是成为一个公民。因此，在一个自由的国家里，法律总是建立在理性之上的，而一个人如果完全服从理性的指导他就是自由的。在一个家庭里，孩子们必须服从父母的所有命令，然而他们并不是奴隶，因为父母的命令大都是为了孩子们的利益。当然，在奴隶、孩子和公民之间是有很大区别的，三者的境况可以做如下解说：奴隶必须服从主人的命令，尽管这命令完全是为了主人的利益；孩子必须服从父亲的命令,而这命令是为了孩子的利益;公民必须服从统治者的命令,这命令是为了公众的利益,包括这公民自己的利益在内。

我已在此把一个民主政体的根基解说清楚了。在所有的政体中,民主政体是最为自然的,跟个人的自由最为契合。在民主政体中,一个人的自然权利并没有绝对地转交给他人,以至于他再不能对社会事务表达自己的意见;他只是把自然权利转交给社会的大多数人,而他自己也是其中的一分子。这样一来,所有的人仍然是平等的,跟他们在自然状态中的情况并没有根本的不同。

民主政体又称为完全绝对统治的国家。它跟贵族政体的主要区别是,在贵族政体,一个人是否为贵族,完全由最高国务委员会的意志所决定,任何人的投票和任职的权利都不是世袭的,也不能通过法律获得这些权利。而民主政体的情况正好相反。在这个国家,只要是父母享有公民权、生于国内,对国家有贡献的,或者其他原因依法享有公民权的,所有的人都有权在最高国务委员会行使投票权、担任公职,只有罪犯或名声败坏者才不能行使这些权利。

有的国家在法律上规定,只要达到一定年龄的老者,或者是达到法定年龄的长子,或者是向国库缴纳一定数额的货币,都拥有在最高国务委员会上的投票和担任公职的权利;尽管这样一来,最高国务委员会的规模要比贵族政体的小许多,这样的国家仍然是民主政体。在这样的国家,治理国家的公民不是由最高国务委员会选任的,而是根据法律委任的。由于这样的官员不是择优选任的,而是由富人或长子担任,看起来他们似乎不如贵族国家的官员。实际上两者不相上下,难分伯仲。如果贵族在挑选同事时能够抛弃私心,完全以热心公益为准,那么任何政体都比不上贵族政体。然而历史的经验表明,情况正好相反。在寡头政治中,由于贵族没有竞争者,其意志完全不受法律约束,他们往往有意将优秀人物排除在国务委员会之外，只是把那些听话的人选为同事。既然贵族政体对官员的选任完全由少数人决定，不受法律的约束，它就比民主政体差了许多。

民主政体有多种形式，我所讨论的是这样一种：在这种政体之下，人民只受本国法律的约束，不被任何人支配，生活得有尊严，有权在最高国务委员会上投票和在政府担任公职。我特别提到"只受本国法律的约束"，这是把外国人排除在外，因为他们是其他国家的公民。我还提到"不被任何人支配"，这就把妇女和奴仆排除在外了，因为他们是被丈夫或主人所支配的。父母监管的儿童和监护人监管的未成年人也属于这种情况。最后我提到"生活得有尊严"，这就把由于犯罪和从事下贱行业而名声败坏者排除在外。

有人会问，妇女被男子支配是本性使然还是由于惯例如此？如果只是由于惯例，那就没有理由把妇女排除在政治权利之外。从历史经验来看，这是妇女本身的缺点所致。实际上在任何地方都没有男女共同掌握政权的情况。只要有男女的地方，总是男人支配女人，男女两性就在这种情况下和谐相处。据说亚马孙妇女曾经掌握过政权，但那是因为她们不许男人居留国内，并且将出生的男孩尽数杀死，只留下女孩抚养。因此，亚马孙人的情况并不是男女共同掌权或妇女支配男子。如果妇女跟男人的本性相同，在精神和智力上都不弱于男人，那么在这么多民族中，总会有男女两性共同掌权或妇女支配男子的情况，然而这样的情况在任何地方都不存在。因此，我们可以肯定，妇女在本性上跟男人不同，并且不如男人。男女两性共同掌权是不可能的，更不可能有妇女支配男人的情况。另外，男人往往是由于情欲而爱恋妇女，只根据她们漂亮的情况来估计其才智，也无法容忍所爱的女人对他人示爱。

——《神学政治论》《政治论》

七、我看宗教

1.神学和理性

有些人不知道哲学和理性是完全不同的东西,他们争论是应该让《圣经》成为理性的婢女,还是让理性成为《圣经》的婢女。持第一种观点的人是怀疑论者,而第二种观点则为独断论者所持有。我认为这两种观点都是错误的,它们都是想改变理性或《圣经》原有的性质。

我们曾经说过,《圣经》并不教导人们哲理,而是教导人们服从神,它所包含的内容都是适应公众的理解力和已有的观点。因此那些想让《圣经》适应哲学的人必定会把预言家从未有过的想法加于其上,给予一种牵强附会的解释。另一方面,那些想让理性和哲学成为神学婢女的人必定会把古犹太人的偏见视为神说的话,从而满足于这些偏见。理性的范围是真理和智慧,神学的范围是虔敬和服从。人类不用智力仅凭服从就可以获得幸福,这是理性无法推断出来的。神学只是指示我们皈依神,此外再无其他任何命令,它不会也没有力量来反对理性。信条对于皈依神是必不可少的,神学对于信条是要阐明的,而判定信条之真伪则有待于理性。因为理性是精神之光,缺了它一切都在梦幻之中。我所说的神学就是指启示,也就是指明了《圣经》的目的,即为服从神而做的计划和方法,即虔诚和信仰的道理。这样理解的神学,就其格言和生活规则而言,跟理性是一致的,而不是背道而驰的。因此,神学对所有的人都是适用的。《圣经》的意义应该从该书的历史来推断,不应该从一般自然的历史来推断;自然的历史只是哲学的基础。如果《圣经》有些地方跟理性不合,我们不应该为此而困惑。因为它们对人的博爱并无损害,每个人都可以根据个人喜好而采用某种看法。总之,我们可以得出结论:《圣经》不必迁就理性,而理性也不必迁就《圣经》。

既然神学的基础(即只有皈依神才能获救)不能用理性来证明其为真,有人会质疑说,那么我们为什么要相信它呢?如果我们不凭借理性而相信它,那就是盲信,是干蠢事;如果我们凭借理性可以证明它,神学就成了哲学的一部分,无法跟哲学分开。对于这种质疑我的回答是:我已经证实,神学这一基础是不能用天然智力来研究的,至少从来没有人这样来研究过它,因此启示是必要的;然而我们可以运用自己的理性来尽可能地领悟所启示的东西。这里我说"尽可能的"是因为我们不能指望获得比预言家更大的实在性,而预言家的实在性是偶然的。因此,有人试图用数学论证的方法来说明《圣经》的权威,这是完全错误的做法。《圣经》的权威依靠预言家的权威,其他论证都不可能比预言家在说服人们时所做的论证更有力量。我们关于它的实在性只能建立在预言家的实在性之基础上。

我们已经说过,预言家的实在性在于三个要素:①清晰生动的想象,②神迹,③向往正义和美德之心。除此之外,预言家在面对听众或像我们这样的读者时,都不可能用其他理由来证明其权威。第一个理由即生动的想象,只对预言家才有效力。因此我们关于启示的实在性只能根据另外两个理由,即神迹和教义。我们相信《圣经》的唯一理由是其中所包含的教理和用来证实教理的神迹。我们既然已经知道预言家宣扬博爱和正义,此外再无其他目

的,就可以断定他们的写作没有不良动机,他们确实相信人可以
因服从神而获得幸福。我们相信,预言家用奇迹来证实教义绝不
是胡言乱语。我们得出这一结论还在于,预言家所宣扬的道德跟
理性是相符合的,他们的福音书跟写在我们心中的福音书是相一
致的,这绝不是偶然巧合。我现在根据《圣经》做出这一断定,跟古
时候犹太人根据预言家当面说的话语来做断定是一样的实在。因
为在教义和主要叙述方面,《圣经》是完整地传到现在。因此,尽管
神学和《圣经》的整个基础不能用数学来严密论证,却可以获得我
们的判断力承认。如果不承认这种经预言家充分论证、对理性较
弱者有莫大安慰、对国家有极大好处的事物,那他就是一个十分
愚蠢的人。这是一种教义的道理,相信它对人并没有害处;如果仅
仅因为它不能用数学方法获得证明就不相信其存在,这就等于说
凡是有怀疑可能的事物都是假的,不承认我们的生活有明确的规
则,就等于不承认我们大多数行动都是不确定而具有偶然性的。

　　有些人认为,神学和哲学互相矛盾,因此必须把其中之一推
翻掉。有人这样做是想让神学立于牢固的基础之上,想用数学方
法严密地加以论证。应该说,这种想法有其合理之处,因为除非是
那些陷入绝望或濒于疯狂的人,谁都不愿意轻易跟理性分手或者
否认科学的实在性。然而这种想法毕竟是有错误的,因为这些人
是想借助理性来打败理性,想确实无误地证明理性是难免出现错
误的。一方面,他们想用数学的方法严密论证神学的权威和真理,
从而消除天赋理性的权威;另一方面,他们这样做实际上是让神
学处于理性的统治之下,证明如果没有理性的支持,神学的权威
根本就立不起来。

　　有些人说,由于有圣灵做证,他们自己是不怀疑神学权威的,
他们之所以求助于理性,只是为了让那些不信教者信服。即使这
样,我也不同意他们的做法,因为他们这样做的真实意图要么是
情绪使然,要么是出于虚荣心。我们说过,圣灵只为人们已经做的

事情做证,保罗说,行善事是圣灵的结果,而圣灵不过是行善事后精神上的一种赞许而已(《加拉太书》第 5 章第 22 节)。在思辨领域,只有理性而没有圣灵做证,理性是唯一支配这一领域的东西。因此,这些人说圣灵让他们相信自己正确,他们说的就是假话,是来自情绪的偏见,要不然他们就是害怕被哲学家所打败,害怕被公众嘲笑,以此作为躲进圣坛的借口;然而他们的躲避并没有用处,圣坛也不会庇护那些违反理性的人。现在我可以放过这些人不提,因为我相信已经达到自己的目的,即证明哲学为什么应该跟神学分开,两者的基础各是什么,为什么它们谁都不应该做另一个的婢女,它们各自都有专属于自己的领地。我也说清楚了让两者关系含糊不清的种种谬误之处。在我看来,《圣经》或《启示录》的用处是很大的,因为既然我们不能用天赋智力来探究只靠服从就获救的道路, 那么只有启示才可能告诉我们这条道路,而理性是达不到神的恩惠之路的。因此,《圣经》带给人类莫大的慰藉。所有的人都可以做到服从,而只有人类中极少部分的人能够只靠理性的指导就获得这一道德习惯。因此,如果没有《圣经》做证,我们就不得不怀疑几乎所有人都能获救这一点了。

——《神学政治论》

2.谈信仰

　　要真正了解什么是信仰,最要紧的是必须明白,《圣经》不仅要适应预言家的智力,而且还要适应那些心情浮躁、良莠不齐的犹太公众的智力。如果我们不做区分,把《圣经》的所有内容都看成是神普遍绝对的教义,而不是把那些迁就普通人智力的东西剥离出来,就无法不把公众的意见跟神圣的教义混为一谈,无法不把人的判断和议论抬高为神的教导,无法不误用《圣经》的权威。

这样造成的后果是,各种宗教派别拿许多彼此矛盾的意见当成神圣文件来教导人们,拿《圣经》上的话作为支持自己观点的根据,以至于在比利时有一句成语,大意是每一个异教徒都有自己一段《圣经》的经文。《圣经》并不是一个人写的,也不是为某一个时期的人写的,而是来自性情各异的许多作者的手中,写作时间从头至尾应该长于两千年。然而我们不应该因为那些派别让圣经的话迁就自己的观点而指责他们不敬重神。如果这种迁就公众理解力的做法能够让公众更加愿意服从神而去行正义和仁爱之事,那么这并没有什么不好。然而我要指责这样一些人,他们不允许人们有这种自由,对不同观点的人横加迫害,视之为神的敌人,尽管这些观点不同者是忠诚于神并富有道德的。另一方面,这些人对观点相同者却珍爱有加,视之为神的选民,尽管后者往往是愚不可及的。这些人的做法最为恶劣,对国家的危害极大。

因此,为了确定个人自由的界限,确定什么样的人是有信仰的,尽管他们所持的观点各不相同,我们必须对信仰及其要素加以解说,同时要把信仰和哲学分开。《圣经》的目的只在于让人服从神,这一点应该是没有任何人怀疑的。无论《旧约》还是《新约》,都是为了达到这一目的。摩西不是借助理性让犹太人相信,而是借助契约、誓言、恩惠来制约他们,他还用惩罚来威胁那些可能犯法的人,用奖励来表扬那些服从法规的人,这一切都不是用知识来教导人,而是为了让人服从。福音书的教义只是让人有单纯的信仰,即信仰神,尊崇神,这就等于服从神。《圣经》中许多地方都清楚地说明,为了服从神,每个人应该去做什么;这些要做的事情归结到一点就是爱人。因此,只要是服从神命令、爱人如己的人,依照法规来说就是真正幸福的人,而仇恨他人、不爱他人的人是真正不幸的。

这样我们就明白了,《圣经》并不是为那些有学问的人写的,而是为各个时期所有的人写的,向他们传布。因此,《圣经》中我们唯一应该绝对相信的就是上述格言。这一格言是天主教整个信仰的唯一标准,所有的教条都有应该依它而定。此外,信仰中所有其他教义只有通过理性才可能从这一格言推演出来;教会中产生那么多观点各异的派别,其原因就在于此:谁都可以把自己中意的看法说成是达到服从神所必要的。因此,下面我不得不把达到这一目的的正确方法做一解释。

首先,信仰在于对神的了解,没有这一了解,就不可能有对神的服从,服从神本身就暗含着了解神。这一定义应该是十分清楚的,不须多加解释。由此可以得出两个结论:①信仰就其本身而言说不上是有益的;有益的是它暗含的服从,就像雅各所说:"离开善行,信仰就是死的。"(《使徒书》第 2 章第 17 节)②真正服从神的人必定有纯粹的让人获救的信仰,就像雅各所说:"离开你的善行,你还能把你的信仰展示给我吗?我只能用我的善行让你看到我的信仰。"(《使徒书》第 2 章第 18 节)约翰也说:"只要是爱人的人都是为神所生,都了解神。不爱人的人不了解神,因为神就是爱。"(《第一书》第 4 章第 7 节)由此可见,我们只能通过一个人做的事情来判断他是否信神;如果他做好事,就是信神的,无论他的教义跟其他信神者的教义有多大差别;如果他做坏事,尽管他说的跟其他人没有什么不同,他是不信神的。这是因为,服从就包含了信仰,信仰离开所做的事就是死的。约翰还说,神是爱,凡是具有爱心的人就具有神的精神。因为没有人看到过神,除了借助爱他人之外,就不可能了解或意识到神。而且除了爱这一性质,我们不可能了解神的任何性质(《第一书》第 4 章第 13 节)。下面的话更能把我们的意思表述出来:"如果我们服从神的命令,我们就能认识它。如果有人说,我认识神,但我不服从它,这人就一定是在撒谎,不是一个诚实的人。"(《使徒书》第 2 章第 3、4 节)由此可见,如果有人迫害那些受人尊敬、热爱正义的人,只是因为那些人跟他的观点不合、所持的宗教教义不同,那么这人就是基督的真正敌人。这是因为,只要是热爱正义和他人的人,就是信神的人,而迫害信神者就是基督的敌人。

由此可知,信仰并不要求教义中包含真理,只是要求教义是虔诚的,也就是能够产生服从之心。有许多教条并不包含任何真理,只要它们能够产生坚定的信仰,那就是合乎要求的。《圣经》所需要的不是含有真理的教义,而是为让人们服从神而不得不具有的教义,即让我们具有爱人之心,由此我们与神同一。因此,普遍宗教的信条只是一些为了达到服从神的目的所绝对必需的信条,没有它们就不可能服从神;而其余的信条则由每个人根据自己的性格决定是否采用,这样就不会发生教会中的各种争执。现在我要列出普遍宗教或整部《圣经》中的基本信条,它们都可以归之于一个教义,即神存在,它是最高存在,爱正义和众人,凡是想要获救的人都必须服从它,而崇拜这一存在就在于实行正义和爱人。这样的信条有:

(1)神存在,是最高存在,公正而仁慈,是纯正生活的典范;那些不相信其存在的人不可能服从它。

(2)神是唯一的。这一信条对于虔信、敬仰和热爱神是绝对必要的。

(3)神是无所不在的,融入万物之中。如果有什么事物是神所不知道的,我们就可能怀疑它判断万物的公正性。

(4)神有统治万物的最高权利,它的任何作为都不是被动的,而是出于其绝对命令和恩惠。万物都必须服从它的命令,而它不须服从任何东西。

(5)崇拜神只在于实行正义和爱人。

(6)只要以服从神为自己的生活方式者就能获救,而且只有那些人能够获救,其他沉溺于享乐之中的人则无法获得拯救。如果我们不相信这一点,就不可能服从神而不去享乐。

(7)神赦免那些悔过者的罪,没有人能够免于犯罪。因此,如果没有这一信条,人们就会对获救感到绝望,而且也无法相信神的仁慈。相信神出于仁慈和恩惠而赦免人的罪恶,从而对神充满热爱,这样的人跟基督的精神是合二为一的。

至于说神是什么,是火,是精神,是光,是思想,还是别的什么,这都跟是否信神没有关系。像神为什么会成为纯正生活典范这样的问题,其实也跟信神没有关系。无论这是由于神有一颗公正仁慈的心,还是由于万物因他而存在和活动,从而让我们凭借他看到什么是公正和善,都无关乎是否信神的问题,每个人都可以按照自己的喜好而选择一个答案。进一步说,无论我们声称神无所不在是指其本质还是潜能,无论神是以绝对命令还是其必然性来指示万物,无论神是如同一个君王那样发布法规还是将它作为永恒真理,无论人服从神是由于自由意志还是神圣命令的必然性,无论神奖善罚恶是自然的还是超自然的,无论是主张什么,都不会让信神受到影响。这样一些问题,如果不会助长人们犯罪,不会削弱我们对神的服从,那它们都是跟信神无关的。每个人都可以根据自己的想法去选择其中某一信条,这样他或许能够更加全心全意地服从神。

最后我要说的是,在宗教信仰(即神学)和哲学之间并没有密切关系,我们还不如说两者之间的距离就像南极和北极一样遥远。哲学的目的只在于探求真理,宗教信仰的目的只在于虔信和服从神。哲学的根据是原理,而这些原理只能求之于自然;宗教信仰的基础是历史和语言,只能求之于《圣经》和启示。因此,宗教信仰允许哲学思辨拥有最大的自由,允许我们对于任何事物想怎样想就怎样想,而不加任何指责;它只是把那些传布导致顽固、仇恨、争执和愤怒思想的人判定为异教徒和分裂者,而把那些以其智慧让人行使爱和正义的人认定为有宗教信仰者。

——《神学政治论》

3.人为什么容易迷信

如果一个人能够按照常规来控制自己的境况，或者遇事总是顺风顺水、左右逢源，他就一定不会迷信。但人们常常遭遇逆境，常规不起作用，他们所渴求的好运气并不一定能实现，其心理徘徊在希望与畏惧之间，难以把持。因此他们大都容易陷入迷信之中。尽管人人都很自信和好胜，然而在希望与畏惧相持不下之时，意志很容易被动摇，容易被其他的东西所左右。这种现象是普遍存在的，然而能够认识到自己这一天性的人却不多。大多数人在顺境时都会以为自己很了不起，天资聪明，即使没有经历过的事情也无所不知；倘若有人向他们提出帮助的建议，他们就像受到天大侮辱似的。然而一旦遭遇逆境，他们就会进退失据、手足无措，不惜向任何一个不认识的人讨教，哪怕对方给的主意是荒谬绝伦、大悖情理，他们也会照办不误。他们或满怀希望，或心存畏惧，都是源于一些无足轻重的原因。一旦对某些事情产生畏惧，他们会联想到以前发生的灾难，认为那是灾祸的预兆，尽管此前多次证明这种猜测是毫无根据的。在他们眼中，任何令人惊惧的事情都是神大发雷霆所致，从而把种种迷信当成宗教信仰，认为只有通过祈祷或祭祀来避免灾祸才能表明自己的虔诚。由于他们的奇思怪想，这一类灾祸的预兆是层出不穷的，就好像大自然也跟他们一样，总会做出一些疯狂的举动来。

因此十分明显的是，那些深受迷信之苦的人大都贪图一时之轻松，习惯于通过祈祷或像女人一样哭泣来乞求神的帮助，在惊慌失措之时尤其如此。他们痛责理性是睁眼瞎，因为它不能给他们追求的幻象指示出一条道路来。在他们看来，人类的智慧毫无用处，只有幻想、梦和其他一些幼稚的东西才是神的启示。这样看来,神的意志好像是要特别绕过那些明智者的心,却让自己体现在那些动物的脏器、傻瓜和疯子的感觉以及鸟类的本能之上。人们由于畏惧,竟然到了如此离情悖理的程度。迷信是由于畏惧而产生的,并通过畏惧来保持和发展。我可以举亚历山大的例子。他的迷信是始于通过希赛关卡时害怕遭遇不测而产生的,于是向预言家寻求帮助。然而在征服了达利亚之后,他就不再相信预言家了,直到再次因失败而产生畏惧。希赛人向他发起挑战,贝克提人逃掉了,而他本人负伤躺在床上,"这时他又迷信起来,而迷信不过是假冒的智慧之果。他将自己毫无根据的信念告诉给阿里斯汀,让对方通过祭祀预卜未来"。这类例子不胜枚举,足以说明人们只有陷于畏惧之中才会迷信。那些荒谬的宗教所信奉的预兆不过是人们在遭受挫折或畏惧时产生的幻象而已。只要国家处于危亡关头,那些预言家就能对人民和君主施加最大的影响。这样的例子实在是太多了,就不再赘述了。

有人认为迷信是源于对神没有清晰的观念。综上所述,我们可以知道,为什么迷信是这样普遍存在的自然现象,它跟其他心理幻象一样,种类繁多,变化无穷。迷信只有通过希望、憎恶、愤怒和欺瞒等来维持,因为它是产生于强烈的感情变化,而不是由于理性。我们还知道,那些容易陷于迷信的人,往往不愿循常理思考问题,因为大家遭受苦难的程度大都相当,而人的本性总是喜好追逐那些稀奇古怪、有违常规的东西。自古以来,容易轻信、心无定见是造成可怕战争和革命的原因。柯蒂斯说得不错:"对暴民最有影响的东西就是迷信。"迷信假借宗教的名义,让这些暴民时而把君主崇拜为神,时而又把他们贬斥为魔鬼。为了使这种迷信的力量趋于稳定,统治者想方设法让其宗教(无论真假)具有庄严肃穆的仪式,从而使得人们消除畏惧、虔信一切。在土耳其人那里,这种仪式已经发展得十分完备,人们心中充满了宗教教条,不敢对其有任何质疑,没有清醒的头脑,没有任何怀疑的精神。

　　专制统治的诀窍在于欺骗民众,利用宗教庄严华丽的外表来控制他们的畏惧,使得民众既可以为自身的安全而战斗,也可以为一个奴隶制度而战斗;当他们为一个暴君的虚荣心而牺牲自己时,不但不引以为耻,反而视为无比的荣耀。然而在一个自由的国家里要这样做那害处可就大了。利用偏见来蛊惑人心,利用暴力来压制民众的意见,利用伪宗教来搞乱人们的信仰,凡此种种都是跟民众的自由背道而驰的。如果法律侵入思想的范畴,人们因自己的意见而被审判和定罪,他们的牺牲不是由于危害了公众安全,而是由于反对者的仇恨和残忍。在这种情况下,叛乱就可能发生。如果只是把行动作为定罪的根据,而允许言论自由,叛乱就没有理由发生,它跟人们思想上的争论之界限也就判然分明。我们有幸生活在一个共和国中,人人都有思想自由,在这方面没有任何束缚,可以随心所欲地信仰神。自由比任何东西都更为珍贵。我要证明的是,一个社会容许自由的存在,不但不会破坏社会的安定,反而会增强人们对于神的敬畏之心,巩固社会的稳定。为了证明这一点,我必须先揭示出种种错误的观念。这些观念把宗教给弄坏了;还有一些错误观念是政治方面的,它们使得那些迷信者拒不服从其合法的君主,重受奴役之苦。

　　我很奇怪那些自称信仰基督教的人,本来其教义是以仁慈、欣喜、平和、节俭和博爱闻名于世,他们之间却是不间断的仇恨、愤怒和争吵。这正好说明其对宗教的信仰情况,而他们自我标榜的种种美德是不足为信的。我们说某人是一个基督教徒、土耳其人、犹太人或异教徒,是根据其外表和衣着,或者根据他做礼拜的地方,或者根据他的宗教用语,至于根据他的实际生活,则无法判别其信仰情况。这种现象由来已久,其原因是,人们通常以为在教会中担任教士是唯利是图的事情,世俗宗教就是把教士放在高位,让其备受尊崇。这种错误观念导致许多无德无能之人竭尽全力追逐教职,而对于宗教的虔诚则被可鄙的野心和贪婪所取代。

教堂变成了戏剧舞台，在那里不是传道士在高声教导公众，而是那些诡辩家在表演，其目的是让公众崇拜自己、憎恨反对自己的人。他们在讲坛上大放特放的都是一些奇谈怪论，为的是蒙骗公众，这种状况必然会招致人们的厌恶和嫉恨，在很长时间内都无法消解。昔日的宗教除了徒具外表的仪式就没有剩下别的什么，而那些仪式在公众看来，与其说是对神的崇敬，还不如说是对它的奉承。信仰已经变成迷信和偏见的混合物。那些偏见让人丧失理性，不辨真假，毫无判断能力。现在所谓的敬神和宗教已经变成一种荒谬可笑的仪式。有些人甚至公然否弃理性和判断力，宣称人类在这一方面本来就是不健全的。如果说这些人身上才有神赐予的光明，那简直是太荒谬了。如果他们哪怕只有一缕神所赐的光明，就不会如此骄纵残暴，而会谦虚虔敬地对待神；不会以恶意待人，而会以仁义待之；不会只关心自己的名声，而会关怀他人的灵魂；不会残酷地迫害他人，而会对他们充满爱心。如果他们有一缕神所赐的光明，就会在其学说中体现出来，然而我却没有看到任何迹象。尽管他们一再表示《圣经》妙不可言，却让它去迁就柏拉图和亚里士多德的思辨，为的是维护基督教的信仰。不仅如此，他们还让《圣经》去迁就那些预言家的胡言乱语。他们的作为表明，他们对《圣经》的信仰只是形式上的肯定，而不是一种生气勃勃的信念。他们预先确立了一条原则作为解释《圣经》的基础，这就是：《圣经》里的话句句是真理，神圣不可侵犯。然而这样的结论是应该在对《圣经》做了认真、细致和透彻的研究之后才能自然得出的，它不应该预先确立起来。

　　就我的研究而言，从未发现《圣经》教义跟我们的理解力有什么矛盾之处。我相信《圣经》是不会对我们的理性有任何束缚的。在我看来，凡是涉及精神上的种种问题都应该诉诸《圣经》，而不应该求助于那些一般的知识。我还认为，那些错误观念之所以产生，是由于人们通常容易迷信，看重古代那些杂乱零碎的知识，对永恒的真理反而淡然视之；看重《圣经》的个别字句，对神的话反而不管不顾。这里神的话并不是显现于《圣经》的个别篇章，而是整部《圣经》所揭示的博爱精神。

——《神学政治论》

4.神的启示随预言家而改变

预言家具有十分生动的想象力，但并不具有十分完善的智力。我们可以通过《圣经》得出这一结论：所罗门是最有智慧的人，但他并不具有预言的特殊能力。希曼、加尔科和达勒是很有才智的人，但不是预言家。而那些没有受过教育的乡下人，包括妇女，如亚伯拉罕的婢女哈格却有预言的能力。想象力发达的人并不适合于进行抽象推理，而具有较高智力的人却会压抑自己的想象力，为的是怕它过于发达而代替了理性。那种认为关于自然现象和精神现象的知识可以来自预言的想法是错误的。我将尽力揭露这一错误。因为哲学、时代以及这一问题本身都需要把它彻底搞清楚。我不愿意被迷信束缚，因为迷信是一切真实知识和道德的敌人。现在情况已经糟到如此地步，有些人竟然公开宣称，他们无法构成关于神的观念，只能通过某些创造物来了解神，而那些创造物的出现原因是无法知晓的；然而他们却恬不知耻地把无神论者的帽子加到哲学家的头上。

我想说明的是，预言各不相同，不仅依照预言家的想象和身体气质各不相同，也依照他们各自的意见而不相同；我还要说明，预言家并不因为他可以做出预言而变得更有智慧一些。

每一个清楚明白的观念都包含有某些真理的实在性，然而想象就其本身性质而言，它必须借助于外部理由来让人相信其真实存在，因此不具有这种真理的实在性。预言家确信神的启示，并非由于启示本身，而是由于某种神迹。例如亚伯拉罕在得到神的允诺后，就请求出现一个神迹；这并非他不相信神，而是想要确认这一允诺是神做出的。吉典的话更加明白了，他对神说："赐给我一个神迹吧，让我借此知道是你在跟我谈话。"神也对摩西说："这算是我给你的一个神迹吧。"希西加尽管早就知道以赛亚是一个预言家，还是要求给他一个预言的治疗神迹。由此可知，预言家总是要靠某种神迹来证明自己的想象。摩西嘱咐犹太人去向预言家要一个神迹，预言未来要发生什么事情。就此而言，预言的知识不如自然的知识。自然的知识不需要神迹，它本身就具有实在性。预言家的实在性不是像数学那样严谨，是不能证明的。这可以从《圣经》中看出。摩西规定，如果预言家宣扬新的神，就要被处死刑，他用神迹和怪异事情来证明这一教义，并说："因为主也用神迹和怪异事情来考验自己的信徒。"基督也用这样的事情来警示自己的信徒。以西结还说，神有时用假的启示来欺骗人；米加在谈论亚哈的预言家时也说了类似的意思。尽管有些启示十分可疑，总的来说，仍然包含许多实在性。因为神不会欺骗好人，不会欺骗自己的选民。神只是把好人当作善的工具，把坏人当成表示愤怒的方式。就米加所说的意思而言，尽管神要借预言家来欺骗亚哈，他利用的是说假话的预言家；对于好的预言家，他启示的是真理，并且不禁止对方说出这一真理。尽管如此，预言的实在性仍然带有一种偶然成分，因为没有谁能够在神面前证明自己无罪，也没有谁能够自认是神仁慈的工具。预言的实在性有赖于以下三点：①启示的事物十分鲜明地显现在想象中，就跟预言家清醒时见到的一样；②出现神迹；③最主要的，预言家全心全意为正义及善而行事。

　　尽管《圣经》并没有时时提到神迹，我们还是认为神迹总是跟实在性的预言联系在一起的。因为《圣经》并没有把所有的情况都叙述出来。然而我们承认，如果预言所说的东西已经包含在摩西律里,神迹就不是必要的,因为它已经被摩西律所证明。既然神迹给予预言家的实在性不具有数学性质(即不是对感性事物知觉的必然结果),而是偶然的,而且神迹是按照预言家的意见和能力来给予的,那么一个神迹可以让一个预言家确信不疑,却可能让另一个预言家产生怀疑。因此,神迹是随着预言家的不同而不一样。

启示也随着预言家的性情、气质和意见的不同而有区别。如果一个预言家心情愉快,那些关乎胜利、和平和让人高兴的事情就会启示于他,因为他很容易想象到这一类事情;反之,如果他的性情是忧郁的,容易给他启示就是战争、杀戮和灾祸。随着预言家性情的不同,或仁慈,或温和,或易怒,或严厉,他们适合于某种启示的情况也就不一样。启示也随着预言家想象的性质而有不同:如果一个预言家很有修养,他能看到的神之心就是极有修养的;如果他本人是浑浑噩噩的,他看到的神之心就是稀里糊涂的。通过幻象所见到的启示情况也一样:如果预言家是个乡下人,他看到的幻象就是公牛和母牛;如果他是士兵,看到的幻象就是将军和军队;如果他是官员,看到的幻象就是帝王的宝座;最后,预言随着预言家所持的意见而不一样。例如,对新生的基督礼拜的三位贤人迷信星相学,他们是借助东方的一颗星星而得到基督降生的启示。尼布甲尼撒的巫师是通过内脏而得到耶路撒冷毁灭的启示,而尼布甲尼撒王是自己通过卜卦和向天空射箭的方向来推算这一点的。如果一个预言家相信人的行为产生于其自由意志,他所得到的神的启示就跟人们未来的行为无关。

预言随着预言家平常所持的意见之不同而不一样,而预言家们的意见往往是各不相同甚至完全相反的。这一点十分重要。我可以肯定,预言家并没有因为说出预言而变得更有学识,他们还跟以前一样。因此,关于理性方面的事情,我们是不可以相信那些预言家的。然而人们通常以为,预言家关于人类理性是无所不知。尽管《圣经》中有些内容明确说到预言家对于某些事情是不明白的,这些人却宁可说他们看不懂这些内容,不愿意承认这一事实。预言家无法对神的特质有所说明,因为他们关于神的观念十分平庸,而他们的启示是迁就那些观念的。因此,预言家们之所以为人所称道,不是由于他们有多么杰出的才智,而是由于他们的虔诚。神随着预言家的理解力和意见而变化自己的启示;而对于那些跟博爱和道德无关的理论,预言家们往往是极其无知的,或者持有完全相反的意见;无论是自然现象还是精神现象方面的知识,我们都切切不可去求教于那些人。可以肯定的是,我们能够相信的,只是预言书中谈到的启示之目的和实质,至于诸多细节完全可以随每个人的意思相信或不相信。

——《神学政治论》

5.预言就是想象

预言和启示是神暗中给人的实在知识,有些人无法得到所启示事物的实在知识,只能用纯粹的信念来理解这些事物,预言家就是向这些人解释神启示的人。我们所说的预言包括那些一般的知识,因为我们以自己的天赋能力获得的知识也离不开我们对神及其永恒法则的知识。然而一般知识人人都有,其根据也都清楚,人们通常喜欢求新求异,而不重视天赋的东西。因此他们所说的预言是不包括一般知识在内的。但一般知识也应该被称为神授,因为是人所共有的神性以及神的法则将此一般知识授予我们。我们对于预言评价甚高,但这并不意味着一般知识的地位就较低。不过预言的知识是超出了一般知识的界限,只用自然规律是无法解释的。至于一般知识的实在性也是来自神,在这一方面一点也不逊于预言的知识。尽管一般知识也是神授的,传授一般知识的人却不能被称为预言家。因为他们传授的知识人类都能感受和理解,不须用纯粹的信念来接受。

我们应该从《圣经》中引出关于预言的结论,因为有关超出我们知识的事物,我们所能肯定的只有预言家说的话和他们写的东西。既然现在预言家都不在世了,我们只有通过已故预言家写的书来了解预言,同时还得注意不要把比喻当成推理,不要把作者并没有明确表述的东西归之于作者。犹太人在谈到特殊原因时,往往带着十分虔敬的宗教精神,将一切都归之于神。例如,做生意赚了钱,他们就说是神给了他们钱;如果心里想要什么,他们就说是神让他们有此愿望;如果心里想着什么,他们就说是神在告诉他们什么。因此我们不能以为,只要《圣经》上说是神告诉人的都是预言或启示,除非有明确的说明,或者根据上下文可以明确推断出来。通过《圣经》我们可以知道,神对预言家的启示都是通过语言或现象,或者两者都有,这些语言和现象又有两种情况:①真实的,是在预言家精神之外,被他们听见或看到;②想象的,是预言家的想象力让他清楚地以为自己听见或看到的。

我们可以从《出埃及记》第 25 章第 22 节看到,神用真实的声音将神律启示给摩西,这些神律是神想传达给希伯来人的。神说:"我要跟你在那里相见,而且我要跟你在越向该接受圣餐,越向该在天使中间。"这应该是真实的话语,因为摩西发现神随时都可以跟他接受圣餐。我想说的是,这是神用真实话语的唯一例子。如果有人嘴里说"我懂了",我们并不认为是他的嘴"懂了",只不过因为嘴是人说话的天然器官;我们反省自身就很容易明白,这个"懂了"是指说话者的心理。然而我们对于神,除了这个名称之外是一无所知,我们无法跟它交谈,无法确切地知道它的存在,无法借助一个被创造的东西说出"我是你们的主"。即使神通过摩西的嘴说出"我是你们的主",难道我们就会据此了解神的存在吗?《圣经》似乎清楚地表明神亲自说话这一信条。神为此从天而降,来到西奈山,而且不仅以色列人听到它说话,其首领也看到它(《出埃及记》第 24 章）。不可变更的摩西律法作为国家法典，并没有明确神不具有身体甚至没有形体这一信条，而只是明确犹太人应该相信其存在并只是崇拜他，禁止犹太人捏造神的任何形象，而这是为了保证礼拜的纯洁性。既然这些犹太人从未见过神，无法借助形象来回忆神的外形，他们所能回忆的不过是某个创造物的形象罢了，这一形象也许可以逐渐取代神而成为他们崇拜的对象。然而《圣经》确实暗示说神有一个外形，而且摩西在听神说话时，看到了神的外形，至少是看到了他的后背。毫无疑问，这里有一些无法思议的神秘之处。

也许我们可以理解神是能够直接跟人交谈的，因为它可以不用借助自己的身体而将其本质传送到我们的精神之中。然而只用直觉就能理解一些观念，这些观念并不包含于自然知识基础之中，也不能由这一基础而引申出来，这样的人之精神必定远远地超出常人之上，除了基督再无旁人有此天赋。神引导人们获救的训诫是直接启示给他的，不须通过语言或异常迹象。因此，神借助基督的精神将自己显现于其信徒面前，就像此前神借助神奇的语言显现在摩西面前一样。就这一点而言，就像摩西听见神的声音一样，基督让神的智慧（即超越人类的智慧）通过自己而具有人的性质，从而让人类获救。这里我必须声明一下，对于教会所宣扬的某些关于基督的教义我既不承认也不否认，因为我确实无法理解它们。我所说的都是由《圣经》推断出来的。在《圣经》中，我没有看到神曾经显现于基督面前，或者跟他对话；我看到的是神借助基督显现在其信徒面前。基督是人类生活的道路，而旧的律法是神借助天使给的，并不是神直接授予；如果说摩西跟神对话就像一个人跟他的朋友谈话一样（也就是凭借两人的身体来进行），那么基督跟神的谈话就是精神跟精神的交往。因此我们可以肯定，只有基督没有借助想象的语言或异常迹象来接受神的启示。因此，预言并不是指人有一种特别完善的精神，而是指他有一种特别生动的想象。

我们可以断言的是,预言家仅仅凭借想象力(也就是凭借真实或想象的语言和形象)来窥探神的启示。在《圣经》中我没有发现还有别的什么方法,因此不可凭空捏造。至于说启示在传达时发生在自然界之特殊规律,说实的,我不知道它是什么东西。有人说这种规律之发生是由于神的力量,这一说法我是不敢苟同的。这就等于是用一个难以理解的名称来解释一个稀奇古怪的标本。任何事物的发生都是由于神的力量,自然本身就是神的力量,它不过是神的另一个名称而已。说我们不了解神的力量,这跟说我们不了解自然是一个意思。因此,如果我们不明白某事物的自然原因(自然原因就是神的力量),却说这一事物是由于神的力量引起的,这一说法就愚蠢到了极点。

预言家借助想象来感知神的启示,因此他们可以知道许多人的智力所达不到的事物;这是因为由语言和形象所构成的观念要比由原则和观念所构成的知识即推理多得多。由此我们可以知道,预言家几乎把一切都理解为比喻和寓言,给予精神上的真理以具体的外形,这就是想象常用的方法。由此我们也明白,为什么《圣经》和预言家总是把神的精神说得那么稀奇古怪、含糊不清,为什么密加看到的神是坐着的,但以理见到的神是一位身着白衣的老人,以西结见到的是一团火,跟基督在一起的人见到的是一只往下降的鸽子,使徒们见到的是火舌,保罗被感化时见到的是大的亮光。而所有这些显现都跟人们通行的关于神的观念相一致。由于想象是漂浮多变的。因此,我们看到一个预言家的能力很难长久保持,也不会经常表现。这种预言能力只会产生在少数人身上,而且很少表现出来。

——《神学政治论》

6.论使徒

　　一个使徒就是一个预言家,凡是读过《新约》的人都不会怀疑这一点。然而一个预言家并不能总是凭借启示说话,只能偶然为之。因此我们需要探究的是,使徒们是以使徒的身份凭借启示和命令写作自己的使徒书,如摩西、耶利米等人的所为,还是以私人或教师的身份来写《使徒书》,特别是保罗提到使徒有两种布道方式(《哥林多前书》第 14 章第 6 节)。如果仔细研读《使徒书》就会发现,该书写作的口气跟预言家完全不一样。预言家的口气是,说话就像是来自神的命令:“主这样说”“众人之主说”“主的命令”,等等。无论是在预言家的集会上,还是在含有启示的信札中,他们说话的口气都是这样的。然而在使徒书里却完全没有这种东西。恰恰相反,例如在《哥林多前书》第 7 章第 40 节中,保罗是按照自己的意见说话,而且在许多段落中出现“我们想,因此”“现在我想”之类的句子(《罗马书》第 3 章第 28 节、第 8 章第 18 节)。还有另一些跟预言家用的不一样的句子,例如“但我说这话是获得允许,不是来自命令”“我是以一个被主怜悯、对主忠诚的人来下判断的”(《哥林多前书》第 7 章第 6 节、第 7 章第 25 节),等等。当这位使徒说是否有神的训言和命令时,所指的并非神的话,而是基督在山上说的话。而且使徒们宣布教义的方法跟预言家不一样,他们说话好像是在论证,而不是在预言;预言只包括教条和命令,其中神不是在跟理智者说话,而是发布绝对的命令。预言家的权威是不容讨论的,否则就是把他的论断交给许多个人判断。而保罗似乎在用理性说话,好像就是这样做的。他说:“我是对有智慧的人说话,请你们判断我的话是否正确。”(《哥林多前书》第 10 章第 15 节)我说过预言家并没有以其天赋理性洞悉他所启示的东西。尽管摩西五书中有些地方看起来好像是采用引导的方法,仔细研读,会发现那只是一些强制性的命令。摩西在这五篇文字中都是以这种方式在论证,他不是利用理性的工具,而是通过想象把神的命令灌输到人们心中。当然,预言家并非没有根据启示做论证,但其知识是超出一般知识的。因为他们是在宣布绝对的教条、命令或判断。因此,作为预言家的摩西从来没有运用过合理的论证。

另一方面,保罗在《罗马书》中的长篇论证就不是根据超越自然的启示而做出的。《使徒书》不是借助启示和神而写成的,而只是借助于那些作者的天赋能力和判断。《使徒书》中那些充满友善、劝告和谦虚的句子在预言中是不会采用的。例如保罗道歉说:"我的兄弟,我给你们写信的方式越来越不客气了。"(《罗马书》第15章第15节)在这些书中,我们没有发现有使徒接受命令而布道的地方,他们是自己选择去某地,用神迹来证明自己所说的话。而预言家则是受神的命令到某地去布道的,例如《旧约》说约拿是被派到尼尼微布道的,摩西是作为神的使者去埃及布道的,神还告诉他应该对以色列人和法老说些什么,还做些什么让对方相信他的话。以赛亚、耶利米和以西结都是受神的指令向以色列人布道的。《圣经》说得很清楚,预言家只是按照从神那里得到的指令去布道。而在《新约》中,并没有说使徒是这样布道的;我们看到的正好相反,是使徒自己选择地方去布道,因此他们要对自己的行为负责。由此可以断定,使徒是以教师的身份而不是预言家的身份去布道和写作的。一个预言家是不会被命令到各个国家去传布预言的,他只可能到那些被指定的国家去。因此,到一个国家就必须执行一个特殊的指令。而使徒是一定要向所有的人布道的,让所有的人都皈依宗教。因此他们无论到什么地方去都不需要预先有什么启示。如果没有什么可用来做证明的神迹或奇怪事物要讲,他们就会讲一些一般的知识。尽管在《使徒书》中所有的开头,使徒们都自称是奉神之命而成为基督的使徒,其目的只在于获得读者的注意,使其相信他们传布的是真正的宗教和获救之路。

　　既然使徒是完全按照自己的天赋理性来写使徒书,那么他们是怎样借助一般知识而教人以天赋理性范围之外的事物呢?使徒们传布的宗教内容是讲述基督的一生,本不在理性范围之内,然而所有基督教教义的本质就是道德。因为很容易被所有人的天赋能力所理解。使徒们根据每个人不同的理解力,采用许多关于神迹的说明来让人们接受他们的布道。保罗说:"我是被派来布道、当使徒和非犹太人的老师。"(《提摩太后书》第 1 章第 11 节)又说:"我被派来布道,当使徒,做非犹太人的老师,教他们有信仰,懂真理。"(《提摩太前书》第 2 章第 7 节)这都表明了他当使徒和教师的特征。保罗确立了使徒和教师在任何地方劝诫任何人的权利(《腓利门书》第 5 章第 8 节)。这种劝诫许可权是保罗作为一个教师得到的,而不是以预言家的身份得到的。既然每个使徒同时又是教师,根据我们的理智就可以知道,有教诲的权利也就有选择方法的权利。保罗指出了这一点:"我竭尽全力传布福音,是在没人提到基督的地方, 为的是避免在他人的基础上建造房屋。"(《罗马书》第 15 章第 20 节)如果所有的使徒都是采用同样的方法来教诲人,在同一个基础上建造基督教,保罗就不可能把另一个使徒干的事说成是"他人的基础",因为它们本该是一样的。这就表明,每一个使徒在布道时就跟老师教学生一样,各有各的教授方法,他们宁可教那些从未拜过师的人,无论所教的课程是科学、语言还是数学这些无可怀疑的真理。如果我们认真细致地研读《使徒书》就会发现,尽管使徒们对于宗教本身的意见是一致的,但在宗教基础的问题上却各不相同,分歧极大。例如保罗认为,人们获救只能靠神的恩惠,靠自身的信心,而不能靠自己的行为;雅各则说人们获救不仅可以靠信心,更可以靠自身的行为。

　　由于使徒们为宗教找的根据不同,很早以前就把教会弄得党派林立,一片混乱。以后这种混乱的情况还不会有根本的改变,直到宗教与思辨彻底分开、宗教被还原为基督和其门徒订的几条简单教义为止。这事是使徒们做不了的,因为当时人类根本不知道福音为何物,为了让人们易于接受这个新东西,使徒们不得不把它建立在人们普遍认可的基础之上。这样看来,在使徒中最有哲学头脑的要算是保罗了,他是被叫去给非犹太人布道的。其他使徒给犹太人布道,而犹太人是瞧不起哲学的,于是布道者适应听众的特点,所传的教义跟哲学思辨没有任何关系。如果我们这个时代的宗教能够避免迷信的束缚,那我们该多么幸福啊!

——《神学政治论》

7.为什么说《圣经》是神圣的

一些人认为《圣经》是神从天上带给人们的口信,他们大声呵斥我冒犯了生灵,因为我说《圣经》有错讹、被割裂、被篡改、前后不一致,还说现在的《圣经》仅仅是一些残篇,神跟犹太人订立的神约之原文已经失传。然而他们只要多加一点思考就不会再嚷嚷了。这是因为,不仅是理智之人,包括那些预言家和使徒都承认,神永久的经典和神约是用神力铭刻在人的心中,也就是铭刻在人的精神上,这才是神约的真正原本。宗教形成文字传给古希伯来人,是因为那时人们还很幼稚,而后来摩西和耶利米预言神将其法规写进人们心中的时刻就要来临了。因此只有犹太人,其中主要是最多克教徒,争抢着写书本上的法规,而心中铭刻着神的法规的人是不需要参与这一竞争的。因此,那些认真思考问题的人是不会在我的文章中找到跟《圣经》不一致的地方;他们可以看到的是,我的文章加强了宗教的力量。

有人说,尽管神的法规是写在人们心中,《圣经》仍然是神的经典,因此不能说它是被割裂的和有错讹的。我认为这样责难我的人心太急,他们自以为十分虔诚,实际上是把宗教当成迷信,崇拜的是写在纸上的东西。我认为自己没有说过任何对《圣经》不尊重的话;只要是我说过的话都是明明白白以论证为真实的。因此我没有任何不虔诚的地方。我承认,有些渎神的人视宗教为一种负担,他们会利用我所说的话去做犯罪的事情,会断言《圣经》到处有错,是假造的,没有任何权威性。他们这样做并没有什么特定的理由,只是其欲望在起作用。然而这也不能证明我的话有错。老话说得好:你的话说得再对,也可能被歪曲得一无是处。那些人如果想放任自己的欲望,是可以随便找什么东西作为理由的。在古代,即使那些有《圣经》原本、有圣约柜的人,包括一些预言家和使徒,其作为也不比现在的人更好一些。人类的本性(无论是犹太人还是非犹太人)就是如此,有道德者是十分罕见的。

　　为了消除一些人的疑问,我在这里要说明,《圣经》或其他无生命物在什么意义上可以说是神圣的;神的法规及其本质是什么,为什么不可能被包含在几卷书之中;就《圣经》告诉人们怎样服从和获救而言,它为什么不可能有错误。从这几点来看,人们就可以判定我既没有任何反对《圣经》的话,也没有提出任何渎神的根据。如果某物是被用来向神表示虔敬的,它就被称为神圣的,并且只要是继续为宗教所用,它就继续是神圣的;如果用它的人不虔敬了,它就不能再称为是神圣的;如果它变得为卑下的目的所用,以前被称为神圣的它就成了不洁和渎神的。例如,雅各主教称某个地方为神之家,因为他在那里崇拜给他启示的神,而预言家们则把这个地方称为罪恶之家,因为以色列人受到教唆常在那里祭祀偶像(《阿摩司书》第5章第5节、《何西阿书》第10章第5节)。还有一个例子更能说明这一点。我们知道,词语的意义完全是来自其用法,如果按照词语通常公认的意义排列起来,使得读了这些词语的人受到感动而崇敬神,这些词语就变成神圣的了,这样写的书也就成了神圣的了。然而,如果这些词语的用法后来被废弃,它们失去了意义,或者这书完全不被人所注意,它们就成了无用之物;如果这些词语的意义被误用或变成相反的意思,这些词语和这书就成了不洁和渎神之物,而不是神圣的。因此,离开了人心,任何东西都不会是绝对神圣或绝对渎神的,它们都是相对的,从《圣经》的许多段落看,这是十分清楚的。例如耶利米说,当时犹太人把所罗门的宫殿称为神之殿是错误的,因为只有在这宫殿有着崇拜神、维护正义的人之时才可以称为神之殿;如果这里成了杀人犯、强盗、邪教徒等坏人去的地方,那就变成了恶人的巢穴了。

让我们奇怪的是,《圣经》没有一个地方告诉我们圣约柜最后到底怎么了,尽管毫无疑问它是被毁掉了,或者是跟神殿一起被烧掉了。然而没有任何其他东西比它更让希伯来人认为是神圣和可敬的。因此,只要《圣经》能够感动人类,使他们虔敬神,它就是不可冒犯的,它的话就是神圣的;如果《圣经》完全被人所忽视(以前的犹太人就忽视《圣经》),它就只是一堆纸墨,变成俗物或被毁坏了。尽管《圣经》这样被毁坏了,我们却不能说神的经典也被毁坏了,否则我们就跟犹太人一样,他们说神之殿被火毁坏了。摩西在毁掉原初的十诫时,并不是在一怒之下把手中的《圣经》扔掉从而毁坏了它,摩西是不可能这样做的。他只是把石版毁坏了,而石版以前由于含有神约是神圣的,犹太人因神约而有服从神的义务;然而他们因崇拜牛犊而违反了神约,这些石版就丧失了其神圣不可侵犯性,因此跟圣约柜一样容易丧失。《圣约》的真正原本已经丧失,摩西原有的文件不再存在。因此《圣经》现有各卷都不复提及。

现在我要说一下"神的经典"是指什么:在它不是指神自己时,它就是指神圣的法规。以赛亚说,对于人类来说,宗教是普遍而共通的。宗教告诉人们,纯洁正直的生活不在于仪式,而在于有一颗纯洁、正直和博爱的心，这也可以称为神的经典。此外，"神的经典"也用作比喻的说法，是指自然的秩序和命运，特别指预言家所预见的该秩序的一部分。这是因为，预言家并不把事物看成自然原因的结果，而是把未来的事物看成神的命令。这种用法是由于预言家总是把神看成一个立法者。因此，《圣经》被称为神的经典一共有三个原因：①《圣经》以真正的宗教来教导人们，而神是这真正宗教的永恒创造者；②《圣经》叙述了未来事情的预言，就好像这预言是神的命令；③《圣经》原初的作者不是凭借自己普通的天赋能力来探究事物，而是凭借自己特有的能力来探究之，并且按照神所说将其展示于人。

尽管《圣经》的内容有许多是关于历史的，可以被我们的天赋理性所了解，然而它的名称是点中了该书的主题。因此，我们之所以说神是《圣经》的作者，是因为其中包含着真正的宗教，而不是因为它传了一本书给人们。这样我们也就知道《圣经》为什么要分为《旧约》和《新约》：在基督以前传布宗教的预言家是凭借摩西所订立的契约，将宗教当成国家法律来传布的；而在基督之后的使徒们则完全凭借基督受难而把宗教当作普遍的宗教来向所有人传布。《旧约》和《新约》的划分，不是由于这两者在教义上有什么不同，也不是由于它们成为神约的原本，也不是由于普遍的宗教更新一些。因此，即使现有的《旧约》比《新约》内容更少一些，我们仍然有神的经典；即使现在我们也没有失去《圣经》，尽管我们缺了不少主要著作，如法规书（它是被当成神约原本十分小心地放在神殿之中的），还有战书、史书等。现在的《旧约》就是根据这些书编纂而成的。

《圣经》只有在影响宗教或神的法律时才能够称为神的经典。就此而论，《圣经》是没有错误的，没有被篡改过的，也没有以讹传讹的地方。也就是说，它没有写得完全不正确的地方，以至于我们仔细研究之后也不知所云。我们说《圣经》包含神的法律是指它传到现在，其意思并没有以讹传讹，尽管某些字句或许常有变动，但这种变动一点也不影响《圣经》的神性。因为尽管《圣经》是用不同的词语来写的，其中的神圣性仍然是同样的。这是毫无疑义的。根据《圣经》这本书，我们可以毫不费劲、十分明确地知道它的主要格言：最重要的是爱神，爱周围的人就像爱自己一样。这一段话不可能是假造的，也不可能是某个人抄书抄错了；如果《圣经》中有一个与此不同的教义，它的整个教义就得改变。因为这是宗教的基石，缺少它整个结构就垮塌了，《圣经》就不会是现在我们看到的这个样子，而会成为一个完全不同的东西。因此，我们相信，这一直是《圣经》的教义。如果有什么错误混入《圣经》，我们就一定能够看出来；如果有人妄图篡改《圣经》，我们也一定能够发现他的用意。由于这一基石是完整无损的。我们也得承认依赖这一基石的其他段落也是完整无损的，例如神是存在的，他能预见一切，他是万能的，他的命令让好人有好报、恶人遭恶报，我们要靠他的恩赐而获救，等等。这些都是《圣经》明明白白教导人的教义，《圣经》也不得不这样教人，否则其他的东西就是空洞而缺乏根据的。其他建立在这一基石之上的道德信条也是我们坚信不疑的。例如要维护正义、帮助弱者、不杀人、不觊觎他人的钱财等。像这样一些格言是任何力量都不可能破坏的，无论是某些人的恶意还是时光的消磨；如果其中一些内容丧失了，它们很快就可以从其基本原则上获得弥补，特别是博爱这一教义。博爱无论是在《旧约》还是《新约》中都得到了普遍的赞扬。

因此，我们可以肯定，《圣经》所教导的神之法律传到现在并没有错讹。此外还有一些史实也是忠实无误地传下来了。例如，希伯来人历史中主要的事件，这是人所共知的。以前犹太人习惯于用诗来吟咏其古代的国家历史。有关基督生平以及他遭受苦难的主要事实通过整个罗马帝国立即传往国外，历代传下来的福音故事应该跟原来的事实没有什么不同。因此，《圣经》中凡是有造假或错讹之处，只可能跟细节有关，是某段历史或预言中的情况。然而这些情况中无论错讹有多少都跟人们的救赎没有什么关系。

——《神学政治论》

8.我们应该怎样解释《圣经》

人们常说，《圣经》是神在说话，在教导人获得真正幸福和救赎的方法，然而他们并不明白这话的意思，因为他们并没有认真按照《圣经》去生活。我们常常可以看到，许多人把自己的解释说成是神的话，以宗教的名义强迫人们跟他们一样去思考。那些神学家想方设法利用《圣经》的原文来印证他们自己的想象和话语，借助神的权威来为自己说话；他们解释《圣经》的热情十分高涨，如果说他们还有什么要担心的，那不是怕自己的错误被归之于神，而是怕别人由于其错误而推翻他们的权威。如果人们是真心相信前面对《圣经》所说的话，他们的为人处世就完全不一样了；他们不会为许多争论和仇恨所困扰，不会盲目地在《圣经》的解释中标新立异，不会把《圣经》中没有明白推论的东西归之于它，不会用自己罪恶之手去篡改和亵渎《圣经》。然而现在世风日下，不少人认为宗教的目的不是去尊重《圣经》，而是为某些人的注解做辩护。因此不再把宗教和博爱看成一回事，而是把宗教当成争名夺利、钩心斗角的工具。

此外还有迷信。迷信让人轻视理性和自然，反而提倡、崇拜和敬仰与此相反的东西。其造成的恶劣影响是，人们在解释《圣经》时竭力让它跟理性和自然对立起来。因此他们热心于在《圣经》中搜寻那些有悖情理的所谓奥秘，反而把该干的事扔到一边。他们把自己不正常的想象获得的东西都归之于神，满怀热情为之辩护。这里有一点是很清楚的：通过理性获得的结论，我们会用理性为之辩护;而通过热情得出的结论,只可能用热情为之辩解。如果不想跟那些庸下之流混为一谈,想要避免神学上的偏见,不把某些人的注释当成圣书,我们就必须找到解释《圣经》的真正方法。

总的来说,解释《圣经》的方法跟解释自然的方法没有太大的区别,基本上是一样的。因为解释自然是要解释自然的来龙去脉,通过某些不变的公理推断出自然现象的意义来。因此解释《圣经》首先要做的是对《圣经》做仔细的研究,根据其基本原理推断出结论来,从而还原作者的本意。只要能够这样去做,就可以不出错误。也就是说,我们在解释《圣经》时应该不预先确立原理,只是研讨《圣经》的内容。这种方法是唯一适当的方法,跟解释自然的方法是一致的。《圣经》中常常提到的一些事物并不能从理性所知的原理中推断出来。因为圣经主要的内容是一些故事和启示,而这些故事大都是一些奇迹。奇迹是我们人类所无法理解的。因此,《圣经》几乎全部内容的知识都只能求之于《圣经》本身,就像关于自然的知识只能求之于自然一样。我们曾经说过,预言家的实在性只在于他们向善的心。因此,在相信他们之前,必须证明他们确实有此品质。神的神性不能用奇迹来证明,因为那些假的预言家可以捏造奇迹。因此,解释《圣经》的一个普遍规则就是,在根据《圣经》的历史来研究《圣经》的时候,只要是我们没有看清楚的,就不能认为它是《圣经》中可信的话。

《圣经》中某句话的历史包括如下一些内容:

(1)《圣经》各卷语言的性质和特点,由此我们可以把每一句法跟在普通谈话中的用法加以比较。

《旧约》和《新约》的作者都是希伯来人,因此有必要了解希伯来文,这不仅是为了了解用希伯来文写作的《旧约》,也是为了了解《新约》,因为后者尽管是用其他语言写作,其特点仍然是希伯来文的。

(2)对各编的内容进行分析、列成条目,由此便于查阅某一专题的原文,然后把模糊不清、晦涩难解或互相矛盾的段落记录下来。

　　我所说的这样的段落是指从上下文的关系来看是否容易推断出来,而不是指它们包含的真理用理性是否容易认识到。换言之,我们只看文字的意义,而不管其包含的真理。在探寻原文的意义时,我们应该特别小心,既不要被以自然知识原理为根据的理性所误导,也不要被种种偏见所误导。举一个例子来说明。摩西说:"神是火。"他又说:"神嫉妒。"从文字的意义上看,这两句话说得很明白,我把它们算做清楚的段落,尽管从理性和真理的角度看这两句话是很不清楚的,然而其字面的意思是违背理性的,如果我们不能根据《圣经》的历史来推翻它们,这字面的意思就必须予以保留。如果要搞清楚摩西是否相信神是火,就不能根据这是否合理来解决问题,而必须借助有文字可考察的摩西其他意见来判定。摩西曾在另外几段话里说,无论是在天上、地下还是水中,神都不是任何有形之物。这些话应该看成是比喻。而上面的那段话说神是火,是否只能从字面意义上看。也就是说,火这个词除了指自然界的火之外,是否还有别的意思。如果找不到别的意思,这句话就只能从字面上看,尽管它跟理性并不相合,而且其他段落即使于理相合,也必须跟这段话的意思一致,否则它就属于不清楚的段落。然而我们知道,火这个词也指发火和嫉妒(《约伯记》第31章第12节)。因此我们就可以把摩西的这两句话贯通在一起,得出结论说:"神是火"跟"神嫉妒"是一个意思。此外,摩西既然十分清楚地说神嫉妒,也没有在别的地方说神没有感情和情绪,我们就可以推断,摩西本人就是这一观点,至少他要把这一观点告诉别人。我们不能因为这一观点跟理性相违背就拒不承认这一点,因为我在前面已经说过,我们不能让《圣经》原文的意思来符合我们的理性,《圣经》的所有知识都必须来自于《圣经》本身。

　　(3)最后,在《圣经》中某句话的历史必须跟现有的预言书之背景相连接，也就是说，每一编作者的生平、行为和学历，他是什么人，他为什么写书，什么时候写的，为谁而写，写作用的语言，等等。此外还应该了解每一编文字经历的历史，开始是否受到欢迎，后来落入谁的手中，原文有多少不同的版本，是谁把它归入《圣经》的，最后一点，现在大家公认是神圣的各编是怎样融合为一体的。

　　所有这些知识都应该包含在《圣经》的历史中，因为这都是极为重要的东西：知道哪些话是作为戒律和指令，哪些话是道德格言，作者生平、行为是怎样的。我们越是熟悉一个人的才智和性格，就越是能够了解其著作。而且那些道德格言有的有长久价值，有的只适用于一时，或者只适用于少数人。为了不把两者混为一谈，我们必须知道每一作品写作的原因、时期，为哪个国家而写。除了要搞清楚某个作品是否为伪作，还要搞清楚它是否被渎神者所篡改，或者夹杂有错讹，为此我们必须十分熟悉上面谈到的历史。只有了解这些情况，我们才不会被人误导，以为自己读的都是真的，而只承认那些确实无误的东西。

　　一旦我们掌握了《圣经》的历史就可以推断，凡是跟这一历史不相符合的，或者不能由这一历史明确推论出来的都不是预言的教义。这样我们就可以进一步去研究预言家和圣灵之心了。这时我们仍须运用那种类似于借助自然的历史来解释自然的方法。在研究自然现象时，我们首先要探讨的是那些最普遍的东西。如运动、静止等，要探讨那些自然永久的规律，然后再去探讨那些较不普遍的东西。对于《圣经》的研究也是这样。我们最先研究的是最为普遍的，以此作为《圣经》的基础。实际上这一方法也为所有的预言家所推崇。这些最为普遍的东西是，世界只有一个神，神是无所不能的，我们只应该崇拜神，神爱所有的人，神特别爱崇拜他的人和爱人如爱己的人，等等。这些是《圣经》全书明明白白告诉世人的，从来没有人怀疑过。至于神的性质、神怎样对待和供养万物这样的问题，《圣经》中并没有清楚明白的讲述，而且预言家的意见也不一致。因此它们并不能形成一种教义，尽管从情理的角度看也许是十分明白的。

在明白了《圣经》中最为普遍的教义后，我们进一步研究那些不太普遍的教义；如果有什么不太清楚的地方，就应该用《圣经》最为普遍的教义来进行解释。例如基督说："如果有人打你的右脸，你就把自己的左脸也伸给他打。"如果他是以一个立法者的身份给法官下达命令，那就等于废除了摩西律；然而基督说得十分清楚，他并不是这样的（《马太福音》第5章第17节）。因此我们必须看说话的人是谁，是在什么场合，是对谁说话。基督说，他并不是以一个立法者的身份制定法律，而是以一个导师的身份宣讲一个道德格言，因为他的目的不在于改变人们外在的行为，而在于改善人的心。而且这些话是对被压迫者说的，他们生活在一个即将灭亡的腐败国家里，那里人们根本就不重视正义。这是基督在这个国家即将灭亡之际给予人们的教导。因此，这一教义只是在暴政时期被预言家所倡导，而且在那时也没有被确立为一条法律。另一方面，摩西在暴政时期并没有写书，而是想办法建立一个清明的政权；尽管他并不主张人们互相嫉妒仇恨，却要人有仇必报。因此，基督这个要人忍辱负重的格言只能用在没有正义的地方和暴政时期，而不适用于有着正常秩序的国家。在一个秩序正常、实行正义的国家，一个具有正义感的人会要求法官惩罚干了坏事的人，这不是意在报复，而是为了维护正义和国家的法律，让坏人忌惮于作恶，这都是合乎情理的。这个例子可以说明我的意思以及这一方法的运用。

在宗教方面，每个人都具有自由思考的权利，而且这种权利是不可转让的。我们说解释法律、裁决公务的最高权利属于那些官员，唯一的原因是这些事情关乎公权；而解说宗教、对宗教做出判断的最高权利只能属于每一个人，这是因为它只关乎私权。因此,解释《圣经》的最高权利属于每一个人,而解释《圣经》的法则也只能是人天赋的理性能力,而这种能力是人人都有的。

——《神学政治论》

9.神权应该在谁的手中

如果把发布命令或处理政事的权力交给牧师,对于宗教和国家来说都是极其有害的。如果只让牧师回答适当的问题,即宣传和实行公认的教义,则有助于国家的安宁。如果把纯属思辨的问题交给神权,也是十分危险的。把人们的意见看成是罪行的政府是最为残暴的政府,因为每个人对于思想都有不可剥夺的权利。政府的这种做法最能引起众怒。应该把判定是否合法的权利交给统治者,这一点无论对于国家还是宗教来说都是绝对必要的。如果把这种对行为做出判定的权利交给每个预言家,就会对国家和宗教造成极大的损害,如果交给那些既不能预言又不能产生奇迹的人,造成的损害就更大了。如果一个民族有自己一整套法律,不习惯于有国王,那么让它建立一个君主制国家就是极其有害的。人民不会容忍王权,而王权也不会服从这一套法律,更不能指望国王会维护这样的法律。因为该法律的制定不是用来支持他的统治,而是支持人民的统治。同样的,如果要除去一个君主国的国王也是危险的,即使他是一个人人皆知的暴君,由于人民对于王权已经习惯了,他们不会服从其他种类的政权。

我说过,统治者无论何事都有权过问,这不仅指世俗之事,还指宗教之事。有许多人否认统治者有裁决宗教问题的权力,不承认他是神权的解释者。因此他们任意指责统治者,要把他逐出教会之外。从前安波欧西斯对待西奥都西斯皇帝就是这样的。他们这样做是为了分裂政府,为了自己独揽大权。我首先要说明的是,宗教能够获得法律的力量,完全是由于国家元首的命令。神借助世俗的统治者来君临百姓,除此之外神在人民中并没有一个特别的王国。不仅如此,还应该由统治者来决定怎样的宗教仪式是合乎社会的安宁幸福。我这里说的是宗教的外在仪式,不是指敬神本身,也不是指内心对神的崇拜及其方法。内心对神的崇拜属于个人的私权,是不能转交给他人的。神有时通过我们的天赋能力来教导人、命令人、施行博爱,有时做出特别的启示,我认为这两者并没有什么区别,甚至启示的形式也是不重要的。因此,如果正义和爱只能通过统治者的权力来获得法律的力量,那么宗教只有借助有权下命令的人来获得权利的力量,神只有借助世俗统治者来号令人世。因此,神的博爱只有借助统治者才能获得法律的效力。我说过,在自然状态下,理性的权利并不比欲望的权利大,而人无论是遵循理性的规律还是欲望的规律行事,他的权利跟其具有的能力是一样大的。因此,我们无法设想在自然状态下有罪恶存在,也无法设想神像一个法官那样来惩罚人的过错。在自然状态下,世上万物都遵循自然的一般规律,敬神者和不敬神者之间、纯洁的人和不纯洁者之间并没有什么区别。因为这里没有正义和爱的可能性。

为了让神的训诫能够得到法律和权利的力量,每个人都必须把自己的自然权利交出来,或者交给整个社会,或者交给某个群体,或者交给某个人,然后我们才开始知晓什么是正义。什么是公平。因此,公平、正义、爱人以及理性的所有领域完全是通过统治权而得到法律和命令的力量,也就是完全依靠统治者的命令。神的所有法规都含有永恒的真理和必然性。因此我们不能把神看成是一个君主来为人立法。神的训诫无论是通过我们的天赋能力获得,还是通过预言家的启示获得,都不能从神那里直接获得一个命令的效力,而是通过具有统治和立法之权的人间接获取的。神只以这种方式来统治人世。这一结论可以通过历史的经验获得证明：我们只能在公正者占优势的地方看到神正义的印迹。而在其他地方，无论公正或不公正、纯洁或不纯洁，人们的命运都是一样的。这样的情况让许多人对神的命令产生怀疑，他们认为神是直接统治人类的，并且是为他们的利益而支配世界万物。既然理性和经验都告诉我们，神权完全依赖于世俗统治者的法令，那么他们就应该是神权的正当解释者。从宗教的外在形式来看，如果我们要正当地听从神，就应该让它合乎公众的安宁幸福。一个人对国家应尽的义务是他最高的义务。如果没有政府，好的事物无法长久维持，争端四起，社会处于狂暴和无政府状态，恐怖成了常态。因此，一个人对他人所尽的义务如果对国家有害，那就是过错；如果他对国家忠诚，也就没有什么对不起人的事情。例如，从理论上说，如果周围的人跟我争吵起来，要拿走我的衣服，我应该把衣服给他；然而从维护国家的角度看，这样做是对国家有害的，我应该让他受到法律的制裁，即使他有被处死的危险。公众的幸福是最高的法律，其他所有法律，无论是属于神的还是属于人的，都应该与此不相违背。既然君王的职责在于决定什么是公众的幸福和国家的安宁并发布相应的命令，他的职责也在于划清我们对他人应尽义务的界限，决定我们应该怎样来服从神。从这个意义上说，君王是宗教的解释者。如果一个人敬神的活动是违背公众幸福的，那就不能算是正当地服从神；如果一个人不服从君王的所有命令，他就不能算是正当地服从神。由于神的命令，我们应该对所有的人尽义务，不损害任何人，应该在帮助一个人时不至于让另一个人受到损害，更不能让国家受到损害，然而没有一个公民知道怎样才是对国家好，他只能借助统治权才能知道这一点，只有统治者才有权处理公众事务。因此，只有任何事情都服从统治者的命令，他才能正当地服从神。这一说法也可以从经验上获得证实。如果一个君王判定某人应该被处死或者是敌人，无论这人是一个公民还是一个外国人，是一个平民还是一个当官的，任何人都不得对他施以援手。因此,尽管犹太人获得神的命令要爱周围的人就像自己一样,如果有人违反了法律,犹太人必须向法官举报;如果这人被处死刑,他们应该把他杀掉(《申命记》第17章第7节)。

　　君王保留宗教事务的特权极大地有利于宗教和虔诚的发展。预言家尽管具有神授的功能,仍然只是平民,由他们随意警告、训诫、斥责往往会惹怒人民,人民的精神状态得不到改善。而国王通过警告和惩罚很容易让人服从其意志。如果国王没有这一权力,往往会脱离宗教,把人民带走。在基督教国家里常常有这样的事情发生。有人会问:"如果统治者愿意作恶,他仍然是解释宗教的人吗?"我要反问一句:"如果教士们甘愿作恶,他们仍然是解释宗教的人吗?"如果君王们甘心作恶,无论他们是否控制宗教事务,整个国家包括宗教和世俗两个方面就都要濒临灭亡。而平民通过动乱来争夺神权,这个国家可能会灭亡得更快一些。如果剥夺了君王的这种权利,他们肯定会作恶,国家遭到损害是必然的、不可避免的,而不是只具有可能性。无论从理论上说还是着眼于国家安全,我们都主张神权即控制宗教事务之权应该完全依靠君王的法令;君王是神权合法的解释者和保护者。真正的教士是那些让人民服从统治权来敬神的人,宗教是借助统治者的法令来符合公众的幸福。

——《神学政治论》

斯宾诺莎年表

1632 年

11 月 24 日　巴鲁赫·德·斯宾诺莎出生于阿姆斯特丹一个犹太商人家庭。

1638 年

母亲死于肺病。

1639 年

进入犹太教会学校学习希伯来语、犹太法典。

1645 年

行犹太教坚信礼仪式,正式成为犹太教徒。

1646 年

毕业于犹太教会学校,在家庭教师的指导下学习拉丁文。

1649 年

接替死去的哥哥从事商务活动,扩大了交往范围,结识的朋友以后大都成为斯宾诺莎小组成员。

1651 年

经商活动获得较好业绩。

1652 年

进入拉丁语学校继续学习拉丁语,开始接触笛卡尔哲学和自然科学,还阅读了卢克莱修、布鲁诺的著作,后担任希伯来语教师,兼教数学等课程。

1654 年

3 月 28 日　父亲去世。

12 月 5 日　异母姐姐将家中财产全部据为己有，斯宾诺莎同姐姐发生争执，后经法院裁决，斯宾诺莎胜诉，他却将自己所得的大部分遗产赠给姐姐。

1656 年

7 月 27 日　由于坚持自由思想、怀疑超自然的神和天使存在，被犹太教会永远革除教籍。市政府应教会要求下达驱逐令，斯宾诺莎移居奥威尔凯克村，以磨镜为生。

1957 年

暂回阿姆斯特丹居住。

1658 年

开始写《论神、人以及人的幸福》。

1660 年

迁居至莱顿市郊区莱茵斯堡。以通讯方式指导阿姆斯特丹一个小组学习哲学。

完成《论神、人以及人的幸福》。

1661 年

冬　开始写《知性改进论》。结识了英国皇家学会的奥登堡，并通过奥登堡结识了英国化学家波义耳。

1662 年

开始写《伦理学》。

应好友迈耶尔要求，写作《笛卡尔哲学原理》，并寄往阿姆斯特丹跟他有联系的学习小组。

1663 年

4 月　到阿姆斯特丹短暂居住。

6 月　迁居至海牙市郊伏尔堡。

《笛卡尔哲学原理》拉丁文版在阿姆斯特丹出版。

结识了荷兰光学家惠更斯。

1664 年

《笛卡尔哲学原理》荷兰文版在海牙出版。

结识了共和派领袖维特，两人成为好友。

1665 年

开始写作《神学政治论》。

1670 年

应维特的邀请迁居至海牙市区。

《神学政治论》在阿姆斯特丹匿名出版。

1671 年

新教教会宣布《神学政治论》为禁书。

1672 年

8 月 20 日　维特遭君主派暗杀，斯宾诺莎愤怒书写标语"野蛮至极"表示抗议。

1673 年

2 月，谢绝普鲁士选帝侯提出担任海德堡大学哲学教授的邀请。

5 月，应法军统帅贡德亲王的邀请去乌特勒支法军驻地，受到热情款待。回国后被怀疑犯有叛国罪，受到国人猛烈攻击。

1674 年

《神学政治论》在莱顿再版。

1675 年

《伦理学》完稿。该书的出版受到教会极力阻挠，导致斯宾诺莎放弃出版。

1676 年

开始写作《政治论》。由于肺病病情恶化，只写到第十一章。

莱布尼兹来访。

1677 年

2 月 20 日　病情进一步恶化,写信通知迈耶尔。

2 月 21 日　迈耶尔由阿姆斯特丹赶到海牙。约下午 3 时许,斯宾诺莎去世,好友席勒守护在其身边。

2 月 25 日　被安葬于斯波耶新教堂。

11 月　以《遗著》为书名的拉丁文著作集在阿姆斯特丹出版,包括斯宾诺莎的《伦理学》《政治论》《知性改进论》《希伯来简明语法》和《书信集》。

1678 年

荷兰政府禁止《遗著》发行。

《神学政治论》法文版在阿姆斯特丹出版。

1693 年

《神学政治论》荷兰文版出版。

1694 年

另一种版本的《神学政治论》荷兰文版出版。

1800 年

海牙政府在斯宾诺莎最后居住的房屋旁建立斯宾诺莎雕像。

1887 年

发现失传多年的自然科学论文《虹的代数测算》。

1888 年

《神学政治论》英文版在伦敦出版。